要留清氣滿乾坤

《在官法戒录》选译

[清]陈宏谋 著
段永亮 译注

中国文史出版社

图书在版编目（CIP）数据

要留清气满乾坤 ：《在官法戒录》选译 / （清）陈宏谋著 ；段永亮译注. -- 北京 ：中国文史出版社，2018.12

ISBN 978-7-5205-1928-1

Ⅰ. ①要… Ⅱ. ①陈… ②段… Ⅲ. ①政治制度—中国—古代②《在官法戒录》—译文③《在官法戒录》—注释 Ⅳ. ①D691.21

中国版本图书馆CIP数据核字(2019)第301178号

责任编辑： 李晓薇

出版发行：**中国文史出版社**

社　　址：北京市海淀区西八里庄69号院　邮编：100142

电　　话：010-81136606　81136602　81136603（发行部）

传　　真：010-81136655

印　　装：廊坊市海涛印刷有限公司

经　　销：全国新华书店

开　　本：710×1000　1/16

印　　张：14.25

版　　次：2020年8月北京第1版

印　　次：2020年8月第1次印刷

定　　价：42.00元

写在前面

《在官法戒录》的作者是清代的陈宏谋。陈宏谋，原名弘谋，晚年因避乾隆（弘历）讳，改为宏谋。1696年出生于广西桂林一个普通农户家。雍正元年（1723年）中进士，从此步入仕途，历任翰林院检讨、吏部郎中、浙江道御史、扬州知府、江南驿盐道、云南布政使、直隶天津道、江苏按察使、江苏江宁布政使等职；后又历任甘肃、江西、陕西、湖北、河南、福建、湖南、江苏等省巡抚和陕甘、两广、两江、湖广等地总督。乾隆二十八年（1763年），奉调进京，历任吏部尚书、工部尚书、协办大学士、东阁大学士等职。一生中任官48年，其间外任30多年，历经12个省份。《清史稿·陈宏谋传》对他有很高评价："乾隆年间，论疆吏之贤者，尹继善与陈宏谋其最也。……宏谋学尤醇，所至惓惓民生风俗，古所谓大儒之效也。于义督军储、策水利，皆秩秩有条理。大受刚正，属吏惮之若神明，然论政重大体，非苛为苛察者比。"

陈宏谋是康乾时期清官廉吏的代表，同时又是一位伟大的思想家。他的思想存在于他的著作之中。他一生在繁忙的政务之余，仍笔耕不辍，著作甚丰，有《培远堂全集》《五种遗规》等近300万字。尤其是他的《五种遗规》影响很大。《五种遗规》是《养正遗规》《教女遗规》《训俗遗规》《从政遗规》和《在官法戒录》五部著作的总称。作者有感于世上多有弊端，遂于公务之余，采录前人关于养性、修身、治家、为官、处世、教育等方面的著述事迹，分门别类编辑而成。因内容是对前人思想智慧的挖掘选粹，“或嘉言，或懿行，悉皆古人成书，故曰遗规也”（陈宏谋语）。清朝末年，《五种遗规》被定为中学堂的修身读本。到了民国年间，《五种遗规》被定为官员从政的必读书。

作为《五种遗规》之一的《在官法戒录》共四卷，卷一为总论，辑录史上名人对吏治的精辟论述；卷二、卷三分别为法录上、下，列举史上清官循吏的事迹，以供为官者效法；卷四为戒录，记录前朝贪官酷吏的行径，以供为官者警戒。这也是《在官法戒录》取名的由来。全书共辑录古籍308条，在每一条之后，作者都做了精要的点评。

通览《在官法戒录》，尽管写下这些文字的人，距今已有几千年、几百年，但文字中传达的思想仍然有着极为强烈的现实意义。古代先贤们有关吏治的论述，今天读来，依然振聋发聩；清官循吏的懿行、贪官酷吏的劣迹，效法和警戒作用并未因时光的流逝而减退。正如陈宏谋所言：“观是录者，善恶灿陈，荣辱由己，何去何从，必有观感而兴起者矣。”当然，先贤们的观点和思想无不打上他们所处时代的烙印，从今天的角度看难免有局限性甚至谬误之处，相信读者诸君自会明鉴。

净空法师对《五种遗规》有极高的评价，他说：“小学教育，读经是个好事情，但是我觉得比读经更重要的、更有效果的，是清朝初期陈宏谋编的《五种遗规》。这是一部好书，那是一个有心人。”谈到重新出版《五种遗规》，他认为：“书籍要流通，还需要讲解，还需要用白话文写出来。因为古人的文字虽然是浅，依旧还有相当深度。现代人非常可惜，不念文言文了，这真是莫大的损失。所以一定要用白话文来解释，最好把它用成白话故事的体裁写出来，能够被社会大众广泛的欢迎。”受此启发，笔者不揣浅陋，对《在官法戒录》进行了注释和翻译。其中卷一是全译，卷二、卷三、卷四是选译。由于学识所限，译注中一定有许多不够妥帖甚至舛误之处，望各位读者、大方之家不吝赐教。

段永亮

2020年6月

目录

序

天下之人无过善、不善之两途，而人之慕乎善，而远不善也，则不外于法、戒之两念，予有四种遗规之刻，盖冀天下人，无男女少长贵贱贤愚，均有所观感兴起，见善者而以为法，见不善者而以为戒也云尔。

既又思之，人有在四民[1]之外，势所不能无，而又关系民生之利害，吏治之清浊，不可以无化诲者，则官府之胥吏是也。古者三百六十之属，皆有府史胥徒。府掌廪藏者，即今之库吏也；史掌文案者，即今之吏典也；胥即今之都吏，为徒之什长[2]；徒即今之隶卒也。是为庶人在官，其禄同于下士，其田在远郊之地。充人掌之，春秋月吉[3]读法，书其孝友睦婣[4]，得与于乡举里选之列。故当时僚隶[5]舆台[6]之守法循分，岂惟风俗之醇，抑上之人教养成就之有其具也。秦燔[7]诗书，人以吏为师。汉制能讽书[8]九千字以上，乃许为吏，当时刺史守相自辟[9]其属，恒求其贤者以为吏而进达之，而吏亦皆束身自好，以蕲[10]不负上之知。故一时名公巨卿起家掾吏[11]者，不可胜纪。两汉吏治，最为近古，非由吏之得人而然乎？魏晋而后，流品遂分，上品无寒门，下品无世族，吏始不得与清流之班。沿及隋唐以降，科贡之势重，而吏之选益轻矣。

然国家设官置吏，官暂而吏久也，官少而吏众也。官之去乡国常数千里，簿书钱谷或非专长，风土好尚或多未习，而吏则习熟而谙练者也。他如通行之案例，与夫缮发文移[12]，稽查勾摄[13]之务，有非官所能为，而不能不资于吏者。则凡国计民生，系于官即系于吏，吏之为责，不亦重乎?

而为吏胥者，类皆有机变之才智，不能安于畎亩[14]耕菑[15]之朴，以来役于官。因盘踞其间，子弟亲戚，转相承授，作奸犯科，相习熟为固然，而不知礼义之可贵。为官者亦多方防闲[16]之，摧辱之，几若猛兽搏噬之不可驯扰。夫防之愈严，作弊亦愈巧，摧之愈甚，自爱之意愈微，将嚣然[17]丧其廉耻之心，以益肆其奸猾狡黠之毒。官吏相蒙，国计民生于焉交困。而贪昧陋劣之员，受其牢笼牵鼻，沦胥[18]以败也，又不足言矣。

昔刘晏以吏人不可用，谓吏无荣进，则利重于名。我国家立贤无方[19]，吏员一途，咸有进身之阶，惟其才之所宜，未尝限其所至，则固有荣进之可期矣。即或不尽荣进，而其爱一时之小利，必不如其爱身家子孙之大利，更不如其畏身家子孙之奇祸。

今试语人以于公治狱之阴德，而子孙驷马高车，充溢门闾，未有不欣然慕效者也。语以王温舒舞文巧诋，奸利受财，而罪至于五族，未有不悚然易虑者也。特无以提醒之，迁善远罪之良心，无缘而动耳。上以君子长者之道待人，而人不以君子长者之道自待者，非人情也。

矧[20]吏胥多读书识字，粗知义理，习典故，明利害。视田野之愚氓，闺门之妇孺，其化诲当更易易。为官者，方日资其心思才力，以成其政治，而顾视为化外之人，不一思所以化诲之，听其日习于匪僻[21]，于心何安，而于事又宁有济乎。

余于听政之暇，采辑书传所载吏胥之事，各缀论断，裒[22]为四卷，名曰《在官法戒录》，广为分布，以代文告。

书曰："作善降之百祥，作不善降之百殃。"孟子曰："仁则荣，不仁则辱。”观是录者，善恶灿陈，荣辱由己，何去何从，必有观感而兴起者矣。

乾隆八年夏四月粤西陈弘谋题于豫章使署

【注】

⑴四民：古代称士、农、工、商为四民。

⑵什长：旧时兵制，十人为什，置一长，称什长。这里指头目。

⑶月吉：农历每月初一，或指正月初一。

⑷睦婣〔yīn〕：对宗族和睦，对外亲亲密。婣，同“姻”。

⑸傣隶：泛指奴隶。傣与隶，皆为服苦役的罪人。

⑹舆台：舆和台是古代奴隶社会中两个低的等级的名称，后来泛指奴仆及地位低下的人。

⑺燔〔fán〕：焚烧。

⑻讽书：背书。

⑼辟：征召来授予官职。

⑽蕲〔qí〕：古同“祈”，祈求。

⑾掾吏:辅助官员的吏员。

⑿文移：文书，公文。

⒀勾摄：处理公务。

⒁畎〔quǎn〕亩：田地，田野。

⒂耕凿：耕田凿井，泛指耕种，务农。

⒃防闲：防，堤也，用于制水；闲，圈栏也，用于制兽。引申为防备和禁阻。

⒄嚣然：闲适的样子。

⒅沦胥：相率牵连。

⒆无方：不拘一格的意思。

⒇矧〔shěn〕：况且。

㉑慝僻：邪恶。

㉒裒〔póu〕:聚集，汇集。

【译】

天下的人不外乎走善和不善这两条道路，而人们向往善的道路而远离不善的道路，也不外乎效法和防备这两种想法。我有四种遗规方面的作品刊印，是希望天下人，无论男女老少、贵贱贤愚都能有感想产生，看到善的拿来作为效法的榜样，看到不善的引以为戒罢了。

既而又想到，在士、农、工、商这四类百姓以外还有一种人，这种人绝对不能没有，而且关系到民生的利害、吏治的清浊，不可以对他们没有教化，这就是官府里的吏员。古代的三百六十个行当，都有府、史、胥、徒。府，是掌管仓库的，就是今天的库吏；史，是掌管文案的，就是今天的吏典；胥，就是今天的都吏，做徒的小头目；徒，就是今天的隶卒。这就是普通百姓进入官场。他们的俸禄等同于下士，他们的土地在距离城市较远的地方。朝廷派专门的人掌管他们，春秋两季的每月初一率领他们学习法令，记录他们当中孝敬父母、信任朋友、和睦九族、亲爱姻亲的事迹，让他们能进入乡里和里里选拔人才的行列。所以当时的奴隶仆役都能遵守法令、恪守职分。这难道只是因为风俗的醇厚，还是因为他们上面的人教育成就他们有其得法的措施？秦朝焚烧了诗书，人们把官吏作为教师。汉朝的规定，能背书九千字以上的人，就可以任用为吏员。当时刺史、郡守以及诸侯王之相自己征召任用下属，总是寻求贤能的人作为吏员进而举荐他们升迁，而吏员也都洁身自好，希望不辜负上司的知遇。所以一个时期有名望的大官，起家于吏员的人，不能逐一记述。两汉的吏治，最接近古代，难道不是因为吏员任用得当才这样吗？魏晋以后，门第就有了区别，上品无寒门，下品无世族。吏员开始不能进入士大夫的行列。到了隋唐以后，科举制度越来越受到重视，而从吏员里选拔人才的方式越来越受到轻视了。

然而国家设置官吏，做官的时间短，任吏的时间长，官的数量少，吏的数量多。做官的任职的地方距离他的家乡往往有数千里远，账务赋税，或许并非他们的专长，风土人情，或许大多没有熟悉，而吏则是对这些熟知而精通的人。其他如通行的案例，和那些誊写转发文书、稽查处理案件一类的事务，有不是官所能做的，就不能不借助吏。那么一切有关国计民生的事情，和官有关系就和吏有关系。吏承担的责任，不也是很重要的吗？

可是做吏员的人，大抵都具有随机应变的才智，不安于在田野里辛勤劳作的淳朴生活，而来受做官的驱使。因为在官场中间占据一席之地，子女兄弟、内亲外戚，相互继承，作奸犯科，都习以为常就成为必然，而不知礼义的可贵。做官的人也想尽办法防备禁止他们，打击处罚他们，但就像猛兽搏击撕咬一样不能驯服。防备得越严，作弊也越精巧，打击得越重，自爱的想法越少。而且还心安理得地丧失他们的廉耻之心，更加肆行其奸猾狡黠的恶毒伎俩。做官的被吏员蒙蔽，国计民生从此就会出现许多困难。而那些贪婪愚昧、品质低劣的办事人员，受到那些吏员们的拉拢挟持，相继地堕落，就更不必说了。

从前刘晏认为吏员不可用，说吏员如果没有荣升高位的途径，就会把利看得比名重。我们国家选用贤才不拘一格，从吏员中选用官员就是一种途径，吏员都有提升的机会。只要他的才能适宜胜任，不曾限制他们就任的官职。这样一来吏员就一定有荣升的希望。即使不是每个人都能荣升，但他们贪爱一时的小利，一定不如珍爱身家子孙的大利，更比不上他们畏惧身家子孙遭受出人意料的大祸。

如今我们试着把于公在审理案件时积下阴德，因而他的子孙家门内满是驷马高车的事例告诉人们，人们没有不表示羡慕和效仿的。把温舒玩弄文字、诋毁他人，非法牟利、贪受钱财，而使五族获罪的事例告诉人们，没有不惊恐地改变原有想法的人。只是没有提醒他们，所以走向善良远离罪恶的良心，无从生发罢了。上司以君子长者之道对待底下的人，可底下的人不能以君子长者之道对待自己，不是人之常情。

况且吏员大多读书识字，粗知义理，熟悉典故，明知利害。比起田地里愚昧的百姓，闺门里的妇女儿童，对他们的教化应该更加容易。做官的人只是把自己的心思才力用于成就自己政事的治理，而把他们视为教化以外的人，一点都不想用什么方法教化他们，听任他们每天琢磨邪恶的事情，内心怎么能坦然呢？而对自己的政事难道有什么补益吗？

我在处理政事的闲暇时间，搜集辑录典籍里记载的吏员们的事例，分别加上了自己的评论，汇集成四卷，书名叫“在官法戒录”。大范围地印发，以此代替正统的文告。

《尚书》里说：“行善老天会降下各种吉祥，作恶老天会降下各种灾祸。”孟子说：“行仁义，就会得到荣耀；不行仁义，就会得到耻辱。”看了这个辑录的人，善和恶明白地摆在眼前，荣耀还是耻辱由自己选择。何去何从，一定会有好多观感产生。

乾隆八年夏四月粤西陈弘谋题于豫章使署

总 论

太公阴符[1]曰：治乱之要，其本在吏。吏有重罪十：一、吏苛刻。二、吏不平。三、吏贪污。四、吏以威力胁民。五、吏与史合奸。六、吏与人无惜。七、吏作盗贼。使人为耳目。八、吏贱买贵卖于民。九、吏增易于民。十、吏震惧于民。夫治者有三罪，则国乱民愁。尽有之，则民流亡而国不可守。又曰：为吏守职，为民守事，各居其道，则国治，国治则都治。都治则里治，里治则家治，家治则善恶分明，善恶分明则国无事，国无事则外不怀怨，内不徼争。

【后汉书注】

周官自府吏胥徒，以至鄙师[2]县正[3]之属，皆所谓吏也。太公所言十重罪，已尽后世作吏之弊。天下治乱，实基于此。为吏者当知己与命官，虽有尊卑，其为民生休戚所系则一，不可不自勉也。

【注】

(1)太公阴符：《太公阴符》属道家一派之书，又叫《太公阴符经》，传说为姜太公所留下的。

(2)鄙师：官名。

(3)县正：官名。

【译】

《太公阴符》里说："国家安定还是动乱，根本在于下层吏员。吏员有十种重罪：一、吏员苛刻；二、吏员不公平；三、吏员贪污；四、吏员用威力胁迫百姓；五、吏员和史官共同舞弊；六、吏员与人相处没有同情心；七、吏员作盗贼，让别人作耳目；八、吏员向百姓贱买贵卖；九、吏员加重百姓的负担；十、吏员让百姓十分惧怕。治理国家如果下层吏员具有其中的三种罪，那么国家就会动乱，百姓愁苦不堪；如果十种罪都具有了，那么百姓就会流亡，而且国家政权也不能坚守。"又说："做吏员的恪尽职守，做百姓的坚守本分，各居其所，那么国家就会安定，国家安定了大都市就安定了，大都市安定了乡里就安定了，乡里安定了家庭就安定了，家庭安定了人们就善恶分明，善恶分明了国家就无事，国家无事了，外部就不会心怀怨恨，内部就不会相互揭发争斗。" （出自《后汉书注》）

按照《周官》，从府、吏、胥、徒，到鄙师、县正一类官职，都是所谓的吏。太公所说的十种重罪，已说尽了后世做吏员的弊端。天下的安定还是动乱，确实是基于这些。做吏员的人，应当明白自己和朝廷的命官，虽然有尊卑之分，但都关系到民生的休戚却是一致的，不能不自勉。

王仲宣[1]曰：大凡执法之吏，不窥先王之典，缙绅之儒，不通律令之要。彼刀笔之吏，岂生而察刻哉！起于几案之下，长于官曹[2]之间，无温裕文雅以自润。虽欲无察刻，弗能得矣。竹帛[3]之儒，岂生而迂缓也？起于讲堂之上，游于乡校之中。无严猛断割以自裁，虽欲不迂缓，弗能得矣。 【本集】

为吏者，熟悉律例，可以断狱决疑。此用其所长也。若用以舞文，或务为深入，则流毒便不可当。非法之有弊，乃心之无良也。可弗戒与。

【注】

⑴王仲宣：王粲，字仲宣。东汉末年著名文学家，“建安七子”之一，由于其文才出众，被称为“七子之冠冕”。

⑵官曹：官吏的办事机关。

⑶竹帛：竹简和白绢。古代最初无纸，用竹简和白绢书写文字。这里指书籍。

【译】

王仲宣说：“大凡执法的吏员，不阅读先王的典籍；做官的儒生，不精通法律的要领。那些掌管文案的吏员，难道生来就是苛察刻薄的？他们起家于书桌旁边，成长于官员办事机关，没有平和文雅的自我修养。即使想不苛察刻薄，也是不可能的。饱读诗书的儒生，难道生来就是迟滞缓慢的？他们起家于讲堂之上，游走于地方学校之中，没有严厉裁决的自我决断。即使不想迟滞缓慢，也是不可能的。” （出自《本集》）

作吏员的，熟悉法令和案例，可以审理案件，决断疑难。这是用其所长。如果用来舞文弄墨，或者让他们去做更深入的事情，那流传的毒害是不可抵挡的。不是法律有弊病，是心地不善良。能不引以为戒吗？

范蔚宗[(1)]曰：曾子云，上失其道，民散久矣。如得其情，则哀矜而勿喜。夫不喜于得情，则恕心用。恕心用，则可寄枉直矣。夫贤人君子断狱，其必主于此乎。郭躬起自佐史，小大之狱必察焉。原其平刑审断，庶于勿喜者乎。若乃推己以议物，舍杖以探情。法家之能庆延[(2)]于世，盖由此也。

【后汉书·郭躬传论】

狱吏虽微，而其操生杀之权，与大吏等。且凡狱之成，皆以初上之狱辞为据，轻重出入之间，少不可以不慎也。范史论郭氏之兴，而归本于察狱平刑，哀矜勿喜。其所以示劝者深矣。

【注】

⑴范蔚宗：范晔，字蔚宗，南北朝时期著名史学家。《后汉书》作者。

⑵庆延：福泽绵延。

【译】

范蔚宗说：“曾子说：‘在上位的人离开了正道，百姓早就离心离德了。断案时如果掌握了犯罪者的实情，应该对他们表示同情而不要自鸣得意。’不因为掌握了犯罪者的实情而自鸣得意，就会施与仁爱之心，施与了仁爱之心，就可以把判断是非的重任寄托给他们。贤人君子断案，他们一定是非常注重这个的。郭躬起家于佐史，大小案子一定都能明察。推究其能公平地审理案件的原因，或许就在于不因为掌握了犯罪者的实情而自鸣得意啊。至于从自身的角度出发，设身处地地评判别人，扔下拐杖不辞辛苦去探明实情，旧时执法大家的福泽能绵延后世，大概都是因为这个。”

（出自《后汉书·郭躬传论》）

掌管断案的吏员地位虽然低微，但是他们掌握着生杀大权，和大官是一样的。况且大凡断案的结果，都是以最初递上的供词为依据的，情节的轻重出入之间，一点都不可以不慎重。范蔚宗的史书评价郭躬成功原因，归结于能够明察案情，公平断案，对犯罪者表示同情，而不因为掌握实情而自鸣得意。那明示劝诫后人的用意是很深的。

刘公非曰：东西汉之时，贤士长者，未尝不仕郡县也。自曹掾、书史、驭吏、亭长、门干、街卒、游徼、啬夫，尽儒生学士为之。才试于事，情见于物，则贤不肖较然[1]。故遭事不惑，则知其智。犯难不避，则知其节。临财不私，则知其廉。应对不疑，则知其辩。如此，则察举易，而贤公卿大夫，自此出矣。　【文献通考】

曹有东西曹、功曹、贼曹诸名，如今之各房科[2]是也。掾者，属吏之称。书史，主录记。驭吏，驭车者。亭长，收捕盗贼。游徼，循禁奸盗。啬夫，主赋役、平争讼。街卒，如今之巡兵。门干，门下办事胥吏也。此皆近世所称为贱役，而古昔则儒生学士，往往为之。诚以人之树立[3]，各视其志，不系乎职之贵贱耳。汉公卿多起胥吏，而两京人才之盛，吏治之隆，后世莫能及。岂不可慕而可法哉！

【注】

(1)较然：明显。

(2)房科：官署或机关中按工作性质分设的部门。

(3)树立：建树，功绩。

【译】

刘公非说："东西汉的时候，德高望重的贤士，都在郡县做过官。从曹掾、书史、驭吏、亭长、门干、街卒、游徼、啬夫，都由儒生学士担任。才能在处理事情中尝试，性情在对待事物中显现，那是贤才不是贤才就很明显了。所以遇到事情不糊涂，就知道他很聪明；处于困境不退避，就知道他有节操。面对钱财没有贪念，就知道他很廉洁。对答辩论不迟疑，就知道他有口才。这样选拔官员就很容易，而贤能的公卿大夫，从此就产生了。"　（出自《文献通考》）

曹有东西曹、功曹、贼曹许多名称，就是如今各个办事机构。掾，是属吏的称呼；书史，主管记录；驭吏，是驾车的人；亭长，缉捕盗贼；游徼，巡查禁止为非作歹，劫盗财物；啬夫，主管赋税徭役，平息争端；街卒，如今的巡逻士兵；门干，大门旁办事的吏员。这些都在近代被称为低贱的职事，而在古代却常常由儒生学士担任。人才的选拔的确是根据每个人做出的成绩，各自考察他们的志向，和他们职务的贵贱没有任何联系。汉代的高官大多从吏员起家，两个京城人才的众多，官吏作风的淳厚，后来的朝代没有能比得上的。难道不值得羡慕、不值得效法吗？

苏东坡知徐州。上言[1]。汉法，郡县秀民，推择为吏。考行察廉，以次迁补。或至二千石，入为公卿。古者不专以文词取人，故得士为多。黄霸起于卒史，薛宣奋于书佐，朱邑选于啬夫，丙吉出于狱史。其余名臣循吏[2]，由此而进者，不可胜数。唐自中叶以后，方镇[3]皆选列校[4]以掌牙兵[5]。是时四方豪杰，不能以科举自达者，皆争为之。往往积功以取旌钺[6]。虽老奸巨盗，或出其中，而名卿贤将，如高仙芝、封常清、李光弼、来瑱、李抱玉、段秀实之流，所得亦已多矣。今世胥史牙校，皆奴仆庸人者。无他，以不用故也。今欲用胥史牙校，而胥史行文书，治刑狱钱谷，其势不可废鞭挞。鞭挞一行，则豪杰不出于其间。故凡士之刑者不可用，用者不可刑。臣愿陛下采唐之旧，使监司郡守，共选士人，以补牙职。皆取人材心力。有足过人，而不能从事于科举者，禄之以今之庸钱[7]，而课[8]之镇税场务[9]、督捕盗贼之类。自公罪[10]杖[11]以下，听赎。依将校法，使长吏得荐其才者。第其功阀[12]，书其岁月，使得出仕，而不以流外[13]限其所至。朝廷察其尤异者，擢用数人。则豪杰英伟之士，渐出于此途。而奸猾之党，可得而笼取[14]也。【本集】

文武异才，各有所托而兴。自古流品，诚不足以限人也。今世吏胥，多由读书未就，执事公门，未尝非士类也。及以吏员入官，为守令，为监司，未尝限其所至。与唐宋流外官之制不同。有志者，正可乘时自奋矣。若夫鞭挞之施，视乎其人之自爱与否。人果有心向上，必能守法远罪，又何必废刑，而后士有可用乎。

【注】

⑴上言：向皇帝上书。

⑵循吏：守法循理的官吏。

⑶方镇：指掌握兵权、镇守一方的军事长官。

⑷列校：东汉时守卫京师的屯卫兵分作五营，称北军五校，每校首领称校尉，统称列校。

⑸牙兵：亲兵、卫兵。

⑹旄〔máo〕钺：白旄和黄钺。借指军权。

⑺庸钱：工资、薪水。

⑻课：督促完成某项任务。

⑼场务：五代、宋时盐铁等专卖管理机构。生产和专卖盐铁的机构为场，税收机构为务。

⑽公罪：因公务上的过失所获之罪。

⑾杖：用棍子打。自隋开皇新律始定为五刑（笞、杖、徒、流、死）之一。用大荆条、大竹板或棍棒抽击人的背、臀或腿部。

⑿功阀：功劳。

⒀流外：隋唐时九品以下官员的通称。流外本身也有品级，经考核后，可递升入流，成为流内，称为入流。

⒁笼取：收罗。

【译】

苏东坡任徐州知州的时候，给皇帝上书：汉朝的规定，郡县里德才出众的平民，可以推举选拔为属吏。通过考察他们的品行，依据次序升任补缺。有的能升至郡守，进入高官的行列。古代不单单以文辞取人，所以获得的贤士很多。黄霸起家于卒史，薛宣从书佐的位置奋起，朱邑从啬夫里选拔，邴吉出身狱吏，其余著名的大臣、守法循礼的官吏，从这些途径升迁的，不可胜数。唐朝从中叶以后，镇守一方的军官都是从列校里选拔来掌管卫兵。那个时候各地才能出众的人，不能通过科举的途径靠自身努力显达的，都争着去做列校，常常通过积累功绩来取得军权。虽然一些老奸大盗，有的也出自其中，但有名的高官、贤良的将帅，如高仙芝、封常清、李光弼、来瑱、李抱玉、段秀实这些人，出自于此的也是很多的了。当今的吏员和下级武官，都是奴仆庸人的原因，没有其他，就是因为这类人不能得到重用。如今想重用吏员和下级武官，可是吏员负责文书的起草，主管刑罚和钱粮，那势必不能废除鞭挞一类的刑罚。鞭挞一类的刑罚一施行，那么才能出众的人就不能从他们中间出现。本来凡是受过刑罚的读书人不能重用，重用的不能施以刑罚。我希望陛下能采用唐朝的旧制，让监司和郡守，共同选拔读书人，来增补空缺的吏员一类的职位，一律按照他们的才能取用。心思和能力足以过人，而又不能参加科举考试的，按当下标准发给他们薪水，督促他们完成管理税收和专卖盐铁机构、负责缉捕盗贼等任务。凡因公务过失而获杖罪以下刑罚的，等候他们自我赎罪。依据将校法，地位较高的官员能够举荐他手下有才能的人，评定他们的功劳大小，记载他们的经历，让他们能出来做官吏，而不因为他们是九品以下的低级官吏而限制他们做官达到的职位。朝廷考察那些特别优异的，提拔重用几个人，那么才能出众的人，就会在这个途径上脱颖而出，而那些

奸猾之辈，也就可以被收罗。（出自《本集》）

文武奇才，各自都是有所凭借才在官场升起来的。自古以来等级门第确实不能完全限制人的发展。当代的吏员，大多是因为读书没有成功，才来到衙门做事的，未尝不是读书人。他们可以以吏员的身份进入官场，做守令，做监司，朝廷不曾限制他们达到的职位，这和唐代的流外官制不同。有志向的人，正可以利用这个时机自我奋起。至于施加鞭挞一类的刑罚，那要看他们的做人是否自爱。人如果确实能一心向上，一定能遵守法律，远离罪恶，又何必废除刑罚，而后读书人才能被重用呢？

东坡论积欠状云。凡今所催欠负，十有六七皆圣恩所贷矣。而官吏刻薄，与圣意异。舞文巧诋，使不该放。大率县有监催千百家，则县中胥徒，举欣欣然日有所得。若一旦除放，则此等皆寂寥无获矣。自非有力之家，纳赂请赇[1]，谁肯举行恩贷。而积欠之人，皆邻于寒饿，何赂之有。其间贫困扫地，无可蚕食者，则县胥教令通指平人，蔓延追扰，自甲及乙，自乙及丙，无有穷已。每限皆空身到官。或三五限，得一二百钱，谓之破限。官之所得至微，而胥徒所取，盖无虚日。俗谓此等为县胥食邑[2]户。嗟乎！圣人在上，使民皆为奸吏食邑户，此何道也。臣自颍移扬，舟过濠寿楚泗等州。所至麻麦如云。每屏去吏卒，亲入村落。访问父老，皆有忧色。云丰年不如凶年。天灾流行，民虽乏食。缩衣节口，犹可以生。若丰年举催积欠，胥徒在门，枷棒在身，则人户求死不得。孔子曰，苛政猛于虎。以今观之，殆有甚者。水旱杀人，百倍于虎。而人畏催欠，乃甚于水旱。臣窃度之。每州催欠吏卒，不下五百人。以天下言之，是常有二十余万虎狼散在民间。百姓何由安生，朝廷仁政，何由得成乎。【同上】

追呼之扰，摹写曲尽。读此而不动心，犹刮民脂髓，快其吞噬者，真与虎狼无异。天地间如何容得。

【注】

⑴赇〔qiú〕：贿赂。

⑵食邑：靠封邑租税生活。

【译】

苏东坡《论积欠状》说："但凡如今催缴的老百姓所欠钱财，十有六七是皇上恩赐而出借的。但是官吏刻薄，和皇上的意旨大不相同。玩弄文字，找各种理由，使那些债务不能免除。大概一个县里有催缴的欠债户成百上千家，那么县里的吏员，都高兴每天都有所得。如果一旦免除，那么这些人就都冷冷清清没有任何收获。除非有能力的人家，行上贿赂，谁肯进行借贷？而累积欠债的人家，都是接近挨冻受饿，哪里有用来行贿的钱财呢？其中那些一贫如洗、不值得蚕食的人家，县里的吏员就教他们揭发其他平民百姓，牵连侵扰。从甲到乙，从乙到丙，没有穷尽。每一个还债期限，吏员们都空着手回到官府。或者三五个期限，能得到一二百文钱，叫作'破限'。官府得到的很少，但吏员们的所得，大概没有空着的日子。民间称这些人为县衙吏员里的'食邑户'。唉！圣人在上，让臣民都成为奸吏'食邑户'，这是什么世道。我从颍州调任扬州，坐船路过濠州、寿州、楚州、泗州，所到之处，麻麦如云。我往往摈去吏卒，亲自进到村子里，访问父老，他们脸上都有忧愁的表情。说丰收年还不如灾年。天灾流行，百姓虽然缺少吃的，节衣缩食，还可以活下去。如果是丰收年，催缴债务，县衙里的吏员上门，就会有枷锁棍棒加身，那村里的民户求死都不能。孔子说：'苛政猛于虎。'从如今看来，恐怕有更严重的。水灾旱灾杀人，是老虎的一百倍，而人们害怕催缴欠债，比水灾旱灾更厉害。我私下考虑，每一个州催缴欠债的吏卒，不下五百人。拿全国来说，这就常有二十多万虎狼，散落在民间。百姓怎么能安生呢？朝廷施行仁

政，怎么能够实现呢？”　（出处同上）

吏员上门追债的侵扰，描写得淋漓尽致。看了这些而不动心，就好像剔刮百姓的脂髓，快意地吞吃的人，真正是和虎狼没有什么区别。天地间怎能容得下？

廖莹中[1]曰。古者尚书令史[2]，防禁甚密。宋法，令史白事[3]，不得宿外。虽八座[4]命亦不许。李唐令史不得出入，夜锁之。韩愈为吏部侍郎，乃曰，人所以畏鬼，以其不见鬼。如可见，则人不畏矣。选人[5]不得见令史，故令史势重。任其出入，则势自轻。不禁吏出入，自文公[6]始。　【江行杂录】

宪司[7]之有关防，皆为吏胥作弊而设。若使人人守法奉公，何妨洞开重门。愿诸曹[8]皆以君子自待，勿使上人视之如鬼，且防之若盗也。

【注】

(1)廖莹中：南宋刻书家、藏书家。

(2)令史：官名。汉代尚书属下，居侍郎之下，做文秘工作，历代都是如此。

(3)白事：禀告公务，陈说事情。

(4)八座：封建时代中央政府的八种高级官员。历朝制度不一，所指不同。

(5)选人：唐代称候补、候选的官员。后沿用之。

(6)文公：指韩愈。韩愈，谥号文公。

(7)宪司：这里是上司的意思。

(8)诸曹：各部门官员。

【译】

廖莹中说：“古代的尚书令史，朝廷对他们防备非常严密。宋朝规定，令史向上司汇报工作，不能住在衙门外边。即使是受中央高级官员的指派也不允许。李唐时期，令史不得随便出入，晚上住处还要上锁。韩愈做吏部侍郎时就说：‘人所以怕鬼，是因为不能见到鬼。如果能够见到，那么人就不怕了。’候选的官员不能见到令史，所以令史的权势很重。如果任其出入，那么权势自然就会变轻。不禁止令史一类官吏随便出入，从韩文公开始。”

（出自《江行杂录》）

上司有防范制度，都是因为下级吏员作弊而制定的。如果人人守法奉公，把重重大门都敞开又有何妨？希望各部门官员都能拿君子的标准要求自己，不要让上司像鬼一样看待，而且像盗贼一样防范。

沈存中[(1)]曰。天下吏人，素无常禄，唯以受财为生，往往致富者。熙宁三年，始制天下吏禄，而设重法以绝请托之弊。

【梦溪笔谈】

今书办[(2)]原给饭食之费，即吏禄也。若辈动云靠山吃山、靠水吃水，岂能分外不取一钱。但须不骫[(3)]于法，无碍于理者，方可。若专以索诈为事，赃罪既多，未有不身罹重法者。所得之钱，正如刀头之蜜，食之未必能饱，而适足以杀身。亟宜翻然悔悟也。

【注】

⑴沈存中：沈括。北宋科学家、改革家。晚年以平生见闻，在镇江梦溪园撰写了笔记体巨著《梦溪笔谈》。

⑵书办：官办文书的吏员。

⑶骫〔wěi〕：骨端弯曲。引申为枉曲，弯曲。

【译】

沈存中说：“天下做吏员的人，一向没有固定的俸禄，只靠受贿为生，而且往往有因此而致富的。熙宁三年，朝廷开始制定吏员的俸禄，而

且设置严酷的法律来杜绝请托受贿的弊端。”　　　（出自《梦溪笔谈》）

如今官办文书的吏员原本是给吃饭费用的，这就是吏员的俸禄。这些人动不动说“靠山吃山，靠水吃水”，哪能不在分外获取一文钱？但是必须不违背法律，在道理上能说得过去，才可以。如果专门以勒索敲诈为职业，非法所得和罪行积累得多了，没有不受到严酷法律制裁的。所得到的钱财，正好像刀刃上的蜜，吃了它未必能饱，但正好可以害了性命。应该立刻幡然悔悟。

李之彦[(1)]曰，谚有之，杀人偿命，欠债还钱。理也。近世豪家巨室，威力使令，偪[(2)]人致死。但捐财贿，饵血属[(3)]，坦然无事。至如人或逋负[(4)]，督迫取偿。必使投溺自经[(5)]，然后已。由此观之，乃是杀人还钱，欠债偿命。

【东谷所见】

豪家恃势，鱼肉小民，未有不结交胥吏者。胥吏贪其贿赂，未有不甘心为之指使者。夫胥吏于所害之人，大抵乡里相识，非亲即友。何忍助纣为虐。苟能出其良心，主持公道，不为富豪所使，则富豪无所倚恃，或稍知敛戢[(6)]，不致肆行无忌，丧厥身家。所全者，岂独在贫弱之人乎。

【注】

(1)李之彦：南宋人。一介穷儒，《东谷所见》传布不广，只是因为被几种丛书收入而流传至今。

(2)偪〔bī〕：同“逼”。

(3)血属：直系亲属。

(4)逋〔bū〕负：拖欠赋税、债务。

(5)自经：上吊自杀。

(6)敛戢：收敛。

【译】

李之彦说："有这么一句谚语，'杀人偿命，欠债还钱'。这是公理。近代的富豪世家，利用威势欺压别人，有的逼人致死。只是拿出一点钱财，安抚一下亲属，就坦然无事了。至于有的人拖欠了自己的债务，就要催迫着偿还。一定让那些人投河上吊自杀，然后才作罢。由此看来，却是'杀人还钱，欠债偿命'。"（出自《东谷所见》）

富豪世家倚仗权势，鱼肉百姓，没有不结交吏员的。吏员贪图他们的贿赂，没有不甘心被他们指使的。吏员和被迫害的人，大概都是同乡认识的人，不是亲戚就是朋友。怎么忍心助纣为虐呢？如果吏员能拿出自己的良心，主持公道，不被富豪所指使，那么富豪无所倚仗，或许稍加收敛，不至于肆行无忌，从而丢掉身家性命。要保全身家性命的，难道单单是那些贫弱的人吗？

又曰，今日囹圄，供答不由于民情，可否一听于吏手。往往自撰情欵[1]一本，令囚人依本书之，更不可增损一字。真情无所赴愬[2]，呼天神不闻，号地祇不听。痛哉痛哉。夫狱讼所以平曲直，雪冤枉也。今有财者胜，无财者负。有援者伸，无援者屈。豪强得志，贫弱衔冤。此岂国家之福耶。愿司听断者，在在持平如衡，事事至公如鉴。天下何患不太平。【同上】

临审私串口供，既审删改招册。种种弊端，无非为钱所使。须知词讼内帮一边，必害一边。己之所得有几，人之受累无穷。故鉴虚衡平[3]四字，不独官府之良规，亦吏人之要训也。

【注】

(1)情欵〔kuǎn〕：同"情款"，真实情况。

(2)赴愬〔sù〕：上诉。

(3)鉴虚衡平：明察持平的意思。鉴虚，胸无成见。衡平，衡量公平。

【译】

又说：“如今的监狱里边，口供不是根据嫌犯的实情，对错一概听凭吏员的手。往往是吏员自己写一本案件的由来，让犯人根据这个范本抄写，不能在以外增减一个字。真情无处上诉，呼天神，天神听不到，叫地神，地神听不见。痛心啊！痛心啊！诉讼之事，本来是为了持平是非曲直，洗去冤屈。如今有钱的人胜诉，无钱的人败诉；有人帮助的人的诉求得到伸张，没有人帮助的人受到冤屈；有权势的人得志，贫弱的人含冤。这哪里是国家的福泽呢？希望掌管断案的人，处处像衡器一样公平，事事像镜子一样公正。天下哪用担心不太平呢？”（出处同上）

临到审理的时候，私下串通口供，审理完之后删改笔录。种种弊端，无非是被钱驱使。需要知道审理案件时私下帮助一方，一定会伤害另一方。自己得到的是有数的，别人受到的牵累是无穷的。所以“鉴虚衡平”这四个字，不只是官府极好的规范，也是对吏员们重要的法则。

又曰，贪欲二字，坏尽世间人。得便宜处再往，得便宜事再做，终有悔吝(1)之时。今日进得一步，明日又求进一步，恐是颠隮(2)之兆。堆金积玉，来处要明。越分过求，余殃在后。卧病垂死，术数未休。几年劳役，一场春梦。纵饶得受用，能有几多时哉。【同上】

世俗所称得便宜，不过为声色货利耳。不知此皆身外之物，营求何益。况衙门中所得之钱，更多罪过。几见害众成家，子孙享用者乎。惟一生行几件善事，与人方便，身心何等快乐，兼可贻福后嗣。愿身在公门者，毋忘来处分明之一语也。

【注】

⑴悔吝：悔恨。

⑵颠隮〔jī〕：同“颠跻”，坠落的意思。

【译】

又说：“‘贪欲’两个字，坏尽了世上的人。得到便宜的地方再去，得到便宜的事再做，最终要有悔恨的时候。今天进了一步，明天还想再进一步，恐怕是栽跟头的征兆。堆金积玉，来路要明。超出本分过分追求，留下的祸患就在后边，卧病在床快要死了，各种权术计谋还没有停止。多少年的劳苦，犹如一场春梦。即使能够享用，又能有多少时光呢？”

（出处同上）

世俗所说的得到便宜，不过是声色钱财罢了。殊不知这些都是身外之物，追求它有什么益处呢？况且衙门里得到的钱财，罪过更多。见过几个祸害众人而成就了自家、子孙能够享用的人呢？只有一生做几件善事，与人方便，身心何等快乐，还可以把福分留给后辈。希望身在衙门的人，不要忘记来路分明这一句话。

李昌龄[(1)]曰，人之处世，不可不积阴德。夫不积阴德者，未见其有后也。故于定国父[(2)]，治狱多阴德，而知其子孙必兴。孙叔敖[(3)]有埋蛇[(4)]之阴德，而母知其必贵。信有之矣。然阴德亦甚易积。不独富贵有力者，虽寻常之人，皆可积也。盖所谓积阴德者，非谓广散金谷，斋设僧道，建造寺观，然后谓之积阴德。凡为此者，乃愚人作业福[(5)]，非积阴德也。或曰，何谓业福。予对曰，盖彼所聚之财，取之多不义。取不义之财，而广布施，设斋供。故谓之作业福，非积阴德者也。所谓积德者，常操不害物之心。出入起居，种种行方便。如此便是积阴德也。今姑以其小者言之。如蛾之赴火，蚁之坠渊，而吾能救之。亦是积阴德。矧夫人有饥寒，吾能饱暖之。人有疾厄，吾能安乐之。救人之患难，解人之仇怨，济人之困贫，不没人之善，不成人之恶，不言人之过。凡此之类，皆积阴德也。常以方便存心，随力行之不已，则阴德亦厚矣。殆见福寿之增崇，门户之盛大，子孙之荣显，不求而至。予言不欺，力行之可也。

【乐善录】

方便处处可行，公门中尤易行。罪孽处处可作，公门中尤易作。此篇虽为众人说法，于吏役尤切。所当书绅(6)也。

【注】

(1)李昌龄：北宋人。

(2)于定国父：于定国的父亲于公。于公是西汉人，曾任县狱吏、郡决曹。他精通法律，治狱勤谨，以善于决狱而成名。于定国，西汉丞相。

(3)孙叔敖：楚国人，公元前601年，出任楚国令尹（楚相），辅佐楚庄王施教导民，宽刑缓政，发展经济，政绩赫然。

(4)埋蛇：孙叔敖幼年时出去游玩，看见一条长着两个头的蛇，便杀死它并且埋了起来。他回到家里就哭起来。母亲问他为什么哭泣，孙叔敖说："我听说看见长两个头的蛇的人必定要死，刚才我看见了一条长有两个头的蛇，所以害怕我会离开母亲而死去的。"他母亲说："蛇现在在哪里？"孙叔敖说："我担心别人再看见它，就把它杀掉并埋起来了。"他母亲对他说："我听说积有阴德的人，上天会降福于他，所以你不会死的。"

(5)业福：以不义之财求福。

(6)书绅：把要牢记的话写在绅带上。后来也称牢记他人的话为书绅。

【译】

李昌龄说："人活在世上，不能不积阴德。不积阴德的人，没有看到他们有好的子嗣。所以于定国的父亲，办案时积了好多阴德，就可以知道他的子孙一定兴旺。孙叔敖有埋蛇的阴德，他的母亲就知道他日后一定显贵。后来果真有这样的结果。但是阴德也是很容易积的，不只是富贵有能力的人可以，即使是平常的人，都可以积阴德。所谓积阴德，不是大量地给人散发钱粮，虔诚地创设和尚道士做法事的场所，建造寺庙道观，然后才能说是积阴德。但凡做这些的人，那是愚蠢的人作业福，不是积阴德。有人说，为什么说业福？我回答说，他们积聚的钱财，取得时大多是不义的，取不义之财，而广泛地施舍，创建祭祀场所，所以叫作业福，不是积阴德。所谓积阴德，常操不害别人的心，出入起居，一切给人以便利，这样就是积阴德。现在姑且拿小的方面来说。如蛾子将要飞到火上，蚂蚁将要坠入深渊，但我能救它们，也是积阴德。何况有人挨饿受冻，我能够让他们吃饱穿暖；人有病患苦难，我能让他们安乐。解救别人的患难，解除别人的仇怨，接济别人的贫困，不埋没别人的好处，不成全别人的罪恶，不说别人的过错。但凡这一类的事，都是积阴德。常常存着方便别人的心，根据自己的能力不断地去做，那阴德也就很厚了。几乎就会看到福寿双增，门户盛大，子孙荣显，不须追求就达到了。我的话一点都不假，努力那样去做就可以了。"

（出自《乐善录》）

给别人方便处处可行，衙门里更加易行；罪孽处处可作，衙门里更加容易作。这一篇虽然是说给大家的，对于官吏来说更加切合。应当牢记。

马贵与[(1)]曰，西汉公卿士大夫，或出于文学[(2)]，或出于吏道。亦由上之人，并开此二途以取人，未尝偏有轻重。故下之人，亦随其所遇，以为进身之阶。而人品之贤不肖，初不系其身之或为儒，或为吏也。故公孙弘[(3)]之儒雅，丙吉[4]之贤厚，龚胜[5]之节操，尹翁归[6]之介洁，亦不嫌于以吏发身。则所谓吏者，岂必皆浮薄刻核[7]之流，而后始能为之乎。东京[8]才智之士，亦多由郡吏而入仕。以胡广[9]之贤，而不免为郡散吏。袁安世传易学，而不免为县功曹[10]。应奉[11]读书，五行并下，而为郡决曹史[12]。王充[13]之始进也，刺史辟为从事[14]。徐穉[15]之初筮[16]也，太守请补功曹。当时并不以为屈也。【文献通考】

又曰，成周之制，元士以上，命官也。府史胥徒，庶人之在官者也。然下士与庶人在官者同禄，则未尝贵官而贱吏也。后世为胥吏者，作奸犯科，不自爱重。故为世所轻，而儒者尤耻与为伍。秦弃儒崇吏，西都[17]因之。萧曹[18]以刀笔吏佐命为元勋。故终西都之世，公卿多出胥吏。而儒雅贤厚之人，亦多借径于吏以发身。其时儒与吏，未甚分别。故以博士[19]弟子之明经[20]者，补太守卒史[21]而不以为恧[22]也。【同上】

观此二条，可知自古吏胥，为储才之地。今虽不能如昔所云，而有志者，正不因吏胥而贬损也，尚其激昂奋发，媲美前贤，为吏胥吐气也。

【注】

(1)马贵与：名端临，字贵与，号竹洲，南宋人，古代进步史学家。所著《文献通考》，是一部从上古到宋朝宁宗时期的典章制度通史，是继《通典》《通志》之后，规模最大的一部记述历代典章制度的著作。

(2)文学：指儒学。

(3)公孙弘：汉武帝时丞相。

(4)丙吉：西汉大臣。

(5)龚胜：西汉大臣。

(6)尹翁归：西汉时一位干练而又廉洁的官吏。

(7)刻核：苛刻。

(8)东京：指东汉。

⑼胡广：东汉末年大臣。

⑽功曹：官名。汉代郡守有功曹史，简称功曹，除掌人事外，得以参与一郡的政务。

⑾应奉：东汉中期人。

⑿决曹史：官名。太守下的小官。

⒀王充：东汉哲学家。代表作《论衡》。

⒁从事：官名。汉以后三公及州郡长官皆自辟僚属，多称从事。

⒂徐穉〔zhì〕：东汉时名士。

⒃筮：古代用蓍（shī）草占卜的一种迷信活动。古人将出仕必先占吉凶，所以也指出来做官。

⒄西都：西汉的代称。

⒅萧曹：萧何和曹参。均为西汉开国功臣。

⒆博士：古代学官名。

⒇明经：汉朝出现的选拔官员的科目。

㉑卒史：官名。汉代官署中属吏之一。

㉒恧〔nǜ〕：自愧。

【译】

马贵与说："西汉的公卿士大夫，有的出身于学习儒学，有的出身于吏员。这也是由于上边的人同时开辟了这两条道路选拔人才，不曾有所偏重。所以下边的人，也就根据自己的境况，把它作为荣升的阶梯。而且人品的有德才还是没有德才，最初和他们或做儒生，或做吏员并没有关系。所以公孙弘的儒雅，丙吉的贤良忠厚、龚胜的节操、尹翁归的耿介高洁，也没有因为他们是吏员出身而看不起他们。那么所谓吏员，哪里一定都是轻薄苛刻一类的人，然后才能做呢？东京有才智的人，也大多是从郡县里的吏员出来做官的。凭着胡广的贤能，也不免做过郡里的闲散吏员；袁安世传授易学，也不免做过县里的功曹。应奉读书时，可以同时看五行文字，但也曾做过郡里的决曹史。王充刚进入官场时，刺史安排他做从事。徐穉刚做官时，太守召他来补功曹的缺位。当时并不认为是屈才。”

（出自《文献通考》）

又说：“周朝在周公辅佐成王时期的规定，元士以上，是朝廷直接任命的官。府、史、胥、徒一类的吏员，是以普通百姓的身份到官府任职。但是下士和在官署任职的普通百姓领取相同的俸禄，也就是说不曾认为官是高贵的，吏员是低贱的。后代做吏员的，作奸犯科，不能自爱自重，所以被世人看不起，而儒生出身的人更是耻于和他们为伍。秦朝摒弃儒学崇尚吏员出身的官员，西汉沿袭了这种做法。萧何和曹参以刀笔吏出身辅佐帝王创业成为元勋。所以整个西汉，公卿大多出身于吏员。而儒雅贤良忠厚的人，也大多借助做吏员这条路起家。那时儒生和吏员，没有大的区别。因此以通过明经考试的博士弟子的身份补任太守的卒史，也不感觉到自愧。”

（出处同上）

看了这两条，可以知道自古以来的吏员，是储备人才的地方。如今虽然不能像从前说的那样，但是有志气的人，并不因为是吏员而自我贬损，还能够激昂奋发，和前贤媲美，为吏员抒发受压抑之气。

王凝斋[(1)]曰，自圣贤以至于凡庶，其德远矣。自割股[(2)]以至勃磎[(3)]，其行远矣。自让国[(4)]以至攫金[(5)]，其事远矣。由初而言，善恶之间，不能以发。而其终之远，乃如是焉。独不免为习所移尔。习之移人，虽豪杰之士，有不能免者。而况于中材乎。此为人上所以有教也。【掾曹名臣录序】

孔子以性相近、习相远为训，则天下之大，无人不在相近相远之中。而其易于相远，且多由善而习于不善者，莫如胥吏。盖以处为恶之地，人为恶之群，又有可以为恶之才，迫以不得不为恶之势。故一为吏胥，而终其身无为善之日。子孙受为恶之害，不可胜计矣。序掾曹[6]而首论及，此其勉胥吏也至矣。

【注】

⑴王凝斋：王鸿儒，字懋学，别号凝斋。明朝著名诗人、政治家、文学家、书法家。

⑵割股：旧有自割股肉以供君亲食用之说，古人认为是大忠大孝的表现。

⑶勃磎〔xī〕：同“勃谿”。吵架，争斗。

⑷让国：将国家或封地的统治权让给贤者。

⑸攫金：指盗劫财物。

⑹掾曹：也称掾史，官名。汉以后中央及各州县皆置掾史，分曹治事。

【译】

王凝斋说：“从圣贤到普通人，那道德之间的差距是很远的；从割下自己腿上的肉供君亲食用到相互争斗，那行为之间的差距是很远的；从将国家的统治权让给贤者到偷窃别人财物，那做事之间的差距是很远的。就人最初出生的时候来说，善和恶之间连一根头发的差距都没有，而最终有很大的差距，竟然这样，只是不免受到习染而改变罢了。习染改变人，即使是豪杰之士，也有不能避免的人，何况中等才智的人呢？这就是作为人上边必须进行教化的原因。”（出自《掾曹名臣录序》）

孔子把“性相近，习相远”作为对人们的教诲。那么这么大的天下，没有人不在相近相远之中。而很容易相远，而且大多是从善而受到不善习染的人，都比不上吏员。大概是因为处在作恶的地方，进入作恶的人群，又有作恶的才能，迫于不得不作恶的情势。所以，一旦做了吏员的人，终其一生，没有做善事的日子。子孙受到作恶的祸害，就不可胜数了。为掾曹作序首先论及这一点，那对吏员的劝勉是最恰当的。

予承乏[1]侍郎[2]，摄印章而治财赋。阴观诸司掾吏，有知琴书，可教诲。因录我朝名士，出于掾曹，至显宦者数人，为一卷以示。皆有勃然兴起之色。乃知人性果不相远。一脱故习，至君子不难矣。【同上】

天下之人，有知书者，即有不知书者。惟胥吏无不知书者也，即无不可教诲者也。世人于胥吏，贪鄙者，慕而效之。不然，则又鄙夷而厌贱之，未有思所以教之者。凝斋作传以示，使之勃然兴起，其望胥吏也厚矣。

【注】

(1)承乏：暂任某职的谦称。

(2)侍郎：古代官名，明清时代是朝廷各部的副部长，地位次于尚书。

【译】

“我暂任侍郎的职务，掌管印章，管理钱财赋税。暗地里观察各部门的吏员，有的懂得弹琴读书，是可以教化的。因而记载了我朝出身的吏员，最后成为高官的好几个知名人士的事迹，编成一卷让他们看，脸上都有勃然奋起的神情。就知道人性果然相距不远。一旦脱离旧的习惯，到君子的境界是不困难的。”（出处同上）

天下的人，有懂得读书的，就有不懂得读书的。只有吏员没有不懂得读书的，也就没有不能教化的。世人对于吏员，贪婪卑鄙的人，羡慕并效仿他们。要不然，就鄙视厌恶他们，没有想用什么办法来教化他们的人。凝斋作知名人士的传记让他们看，让他们勃然奋起，那对吏员是寄予厚望的。

昔元好问[1]曰，自风俗之坏，上之人以徒隶遇佐史。甚者，先以机诈待之。廉耻之节废，苟且之心生，顽钝之习成，实坐于此。而佐史亦以徒隶自居，身辱而不辞，名败而不悔。甚矣，人之不自重也。吁，遇之以徒隶，待之以机诈，我固不可以不自省。若自暴自弃，而不自重，尔曹岂可以不戒乎。

【同上】

人虽至愚，见人以机诈苟且顽钝相待，未有不惄然[2]怒者。惟胥吏则视为固然，恬不为耻。及其犯法罹刑，亦复不以为辱。固由待之者非，亦胥吏之自待先薄也。凝斋以此自省，并冀胥吏之自重，其警省乎史胥也，抑又切矣。按，凝斋先生，名鸿儒，少工书法。未为人知，里人有为府史者，尝以其书置府中，知府段坚，见而奇之，遂收之门下，卒成名儒。是其一生之学问渊源，功名际会，皆由史胥中阅历得来。故言之亲切而有味也。观所录十三人，皆卓然自立，不为习俗所移者。豪杰之士，不可闻风兴起乎。至于从案牍中，别识人材，以广造就，则尤官长雅意[3]。凝斋之心，亦即段公之志耳。

【注】

(1)元好问：金末元初最有成就的作家和历史学家，文坛盟主。

(2)惄〔nì〕然：忧伤。

(3)雅意：本意。

【译】

“从前元好问说：‘自从风俗败坏，上边的人像对待刑徒奴隶一样对待吏员。更有甚者，先用狡诈的手段对待他们。吏员们丢弃了廉耻的气节，产生了得过且过的想法，养成了圆滑的习气，确确实实是由此造成的。而吏员们也以刑徒奴隶自居，身体受辱也不推辞，名声败坏也不后悔。人们的不自重已如此严重。’唉！像对待刑徒奴隶一样对待吏员，用狡诈的手段对待吏员，我固然不能不自省。像那样自暴自弃，而不自重。你们这些人难道可以不引以为戒？”

（出处同上）

即使是最愚钝的人，看到别人用狡诈、苟且、圆滑的态度对待自己，没有不感到忧伤而发怒的。只有吏员则把它看作理所当然，坦然地不以为耻，等到他们触犯了法律受到了刑罚，也还是不认为是耻辱。这固然是因为对待他们的人的错误，但也是因为吏员先就自己轻贱了自己。凝斋以此自省，并且希望吏员自重，那对吏员的警省，又是非常深切的。说明：凝斋先生，名鸿儒，少年时工于书法，不被人知晓。有一个做府史的同乡，曾经把他的书法作品放在官府里，知府段坚看到之后感到惊奇，就把他收到了门下，最后成为知名的大儒。总结他一生学问渊博，功名双收，都是从做吏员的阅历中得来。所以话说得亲切而有意味。看他记载的十三个人，都是人品超群独立、不被世俗改变的人。豪杰之士，难道不能看到这个而立即奋起吗？至于从公文当中识别人才，来扩大培养贤才的范围，那更是为官者的本意。凝斋的想法，也就是段公的用意。

颜光衷[1]曰，古云，公门中好修行，何也。夫公门常常比较[2]，时时刑罚。其间贫而负累，冤而获罪，愚而被欺，弱而受制，呼天控地，无可告诉。惟公门人，下接民隐，上通官情。艰苦孤危之时，扶持一分，胜他人方便十分。宽假一次，胜他人方便十次。若能释贫解冤，教愚扶弱，无乘危索骗，无因贿酷打，无知情故枉，无舞文乱法，则一日间，可行十数善事。积之三年，有数万善事。人当困厄，谁不知感。神明三尺[3]，宁无保佑。自然吉庆日至，子孙昌盛。如其不然，怨毒之财，得亦非福也。【迪吉录】

亲切指点，见得衙门中人，随处可以为善也。积德固易，积恶亦易，视人存心如何耳。

【注】

(1)颜光衷：即颜茂猷，明朝儒家大学者，著有《迪吉录》。

(2)比较：旧时官府征收钱粮、缉拿人犯等，立有期限，至期不能完成，须受责罚，然后再限日完成，称作“比较”。

(3)神明三尺：原意是指神明在供桌上面三尺的地方看着你，如果你虔诚祈祷供奉的话，神明会显灵帮助你。后来出现了引申义，表示无论你在什么地方做任何事，你头上三尺地方的神明都会看得清清楚楚。

【译】

颜光衷说：“古人说，‘公门中好修行’。为什么呢？衙门里经常实行比较，时时刻刻对人处以刑罚。那当中有因贫穷而负债累累的，因受到冤枉而获罪的，因愚昧而受骗的，因势弱而受到欺压的。他们呼天告地，没有可申诉的地方。只有衙门里的办事人员，对下了解百姓的疾苦，对上知道官府的内情。在困苦无援的时候，帮扶他们一分，胜过其他人帮助十分；宽容他们一分，胜过其他人给予的便利十分。如果能解除他们的贫穷和冤屈，开导愚昧的，扶持势弱的，没有趁危难勒索他们，没有因为索取贿赂而拷打他们，没有本来知道实情而冤枉他们，没有舞文弄法，那么一天之内，就可以做十几件善事。积累三年，就有好几万善事。人在困苦危难的时候，谁不知道感恩？三尺之近的神明，哪能没有保佑呢？自然吉祥喜庆每天都会降临，子孙兴旺昌盛。如果不是这样，在人们怨恨当中得到的钱财，即使得到也不是福气。” （出自《迪吉录》）

恳切的指点。可以看出衙门当中的人，随处可以做善事。积德固然容易，积恶也很容易，就看人存的什么心罢了。

王心斋[1]倡道海陵郡。诸掾吏以事至海陵，相率诣之。先生无他言，第[2]曰，心地好，前程保。 【言行汇纂】

六字可作掾吏箴。盖惟心地好，则不妨于作吏。不然，未有不造恶招祸者也。

【注】

⑴王心斋：王艮，字汝止，号心斋，明代哲学家。

⑵第：只。

【译】

王心斋到海陵郡讲道。许多吏员因事到海陵的，相继去拜访请教他。先生没其他的话，只说："心地好，前程保。" （出自《言行汇纂》）

六个字可以作为吏员的箴言。因为只要心地好，做吏员就没有什么妨碍。不然，没有不因为作恶而招致灾祸的。

陈眉公[1]云，汉人取吏，曰廉平不苛。平则能在其中矣。曰廉能者，后世不熟经术[2]之论也。

【长者言】

人须心中无欲，方能心平；心平，方能事平。故廉又为平之本。吏多不能廉，亦不肯廉，故动多不平之事。虽有能，适足济其恶耳。

【注】

⑴陈眉公：陈继儒，明代文学家、书画家。著有《安得长者言》。

⑵经术：经学的意思。

【译】

陈眉公说："汉朝人选拔官吏的标准，叫'廉平不苛'，做到公平，那么能力就在其中了。说'廉能'的，是后代不精通经学的主张。"

（出自《长者言》）

人需要心中没有欲望，才能心平；心平了，才能把事处理公平。所以廉洁又是公平的根本。吏员大多不能做到廉洁，也不肯廉洁，所以常常会办许多不公平的事。即使有能力，也正好帮助了他的恶罢了。

又曰，当官若不行方便，做甚么。公门里面好修行，凶甚么。刀笔杀人人自杀，唆甚么。举头三尺有神明，欺甚么。他家富贵前生定，妒甚么。前世不修今受苦，怨甚么。岂可人无得运时，急甚么。人世难逢开口笑，恼甚么。补破遮寒暖即休，摆甚么。才过三寸[(1)]成何物，馋甚么。死后一文将不去，吝甚么。前人田地后人收，占甚么。得便宜处失便宜，贪甚么。聪明反被聪明误，巧甚么。虚言折尽平生福，谎甚么。是非到底自分明，辨甚么。恶人自有恶人磨，憎甚么。冤冤相报几时休，仇甚么。人生何处不相逢，狠甚么。世事真如一局棋，算甚么。谁人保得常无事，诮[(2)]甚么。穴[(3)]在人心不在山，谋甚么。欺人是祸饶人福，卜甚么。【言行汇纂】

劝世歌曰，心不光明点甚灯。念不公平看甚经。大秤小斗吃甚素。不孝父母斋甚僧。妙药难医冤业病。横财不富命穷人。利己害人促[(4)]寿算[(5)]。积善修行裕子孙。人恶人怕天不怕。人善人欺天不欺。暗中阴骘[(6)]分明有。远在儿孙近在身。守口莫谈人过短。自短何曾说与人。生事事生君莫怨。害人人害汝休嗔。欺心折尽平生福。行短天教一世贫。【解人颐】

二则皆警世通言。余取其尤切于胥吏也，故节录之。官衙中人，果能每日常念此一遍，诸般过恶，自从此减矣。

【注】

(1)三寸：指舌头。

(2)诮：讥笑。

(3)穴：窟窿，窍。

⑷促：缩短。

⑸寿算：寿命，寿数。

⑹阴骘〔zhì〕：阴德。

【译】

又说：“当官如果不给别人便利或帮助，做什么；公门里面好修行，凶什么；手中的刀笔可以杀人，但也会杀了自己，唆使什么；抬头三尺有神明，欺诈什么；别人家的富贵是前生注定的，嫉妒什么；前世不修行今天受苦难，抱怨什么；人哪能没有不走运的时候，着急什么；人世间很难遇到能让自己开口笑的事，烦恼什么；缝补破衣服遮挡寒冷暖了就可以，显摆什么；食物刚过了舌头成了什么东西？馋什么；死后一文钱都带不去，吝啬什么；前人的田地后人在上边收获，侵占什么；得到便宜的地方会失去便宜，贪图什么；聪明反被聪明误，取巧什么；谎言折尽一生的福气，哄骗什么；是非到最后总会分明，分辨什么；恶人自有更恶的人折磨他，憎恨什么；冤冤相报几时休，仇恨什么；人生何处不相逢，凶狠什么；世事真如一局棋，算计什么；谁能够确保自己一直没有事，讥笑什么；最多的眼窍在人的心里不在山上，谋算什么；欺人是祸饶人是福，占卜什么。”

（出自《言行汇纂》）

《劝世歌》里说：“心不光明点什么灯；想法不正看什么经书；大秤进小斗出吃什么素；不孝敬父母给僧人吃什么饭；妙药也难治作孽带来的心病，横财不富命穷人；利己害人缩短寿命，积善修行可以让子孙富有；人恶人怕天不怕，人善人欺天不欺；暗中的阴德分明是有的，远在儿孙近在自身；闭口不要谈论别人的过错和短处，自己的短处何曾说给别人？惹出了事事又生出来你不要抱怨，害了人又被别人害你不要生气；昧良心折尽一生的福气，行为卑鄙老天让你一辈子贫穷。”

（出自《解人颐》）

这两则都是警告世人的通达言论。我选取它是因为对吏员特别切合，所以抄录下来。衙门中的人，如果确实能每天把这些话念一遍，各种过错和恶行，自然从此消失了。

惜字十八戒。 卖旧书废纸与人（印封残册废卷同）。遗弃污秽中。 脚下践踏。 糊窗壁。 覆瓿[1]裱画。 拭几砚。擦垢秽。 燃灯夜照。 点火吃烟。 刀剪裁破。因怒扯碎。 以书籍作枕。 与妇女夹针线。 嚼烂吐地。 塞墙壁孔内。 烧灰仍[2]弃于地。 【言行汇纂】

广惜字真诠。 下笔有关人性命者，此字当惜。 下笔有关人名节者，此字当惜。 下笔有关人功名者，此字当惜。 下笔属人闺阃(3)阴事，及离婚字者，此字当惜。 下笔离间骨肉者，此字当惜。 下笔谋人自肥，倾人自活者，此字当惜。 下笔凌高年，欺幼弱者，此字当惜。 下笔挟私怀隙，故卖直道，毁人成谋者，此字当惜。 下笔唆人构怨，代人架(4)词者，此字当惜。 下笔恣意颠倒是非，使人含冤者，此字当惜。 下笔喜作淫词艳曲，兼以诗札讥诮他人者，此字当惜。 下笔刺人忌讳，令终身饮恨者，此字当惜。

【同上】

以上二则，相传为文昌帝君[5]语。事虽无考，而文字发天地之秘，起万化之原，为圣人所作。敬之则蒙福，亵之则获祸，此千古不易之理也。身在官衙，以纸笔给事，几案丛杂，最易犯不敬之罪。至广惜字各条，则今之胥吏，所习以为利，而惟恐其不能者也。下笔时苟存慎惜之心，则于为善去恶也，不远矣。

【注】

(1)瓿〔bù〕：小瓮。

(2)仍：同“扔”。

(3)闺阃〔kǔn〕：指闺房。

⑷架：捏造。

⑸文昌帝君：民间和道教尊奉的掌管士人功名禄位的神。

【译】

惜字十八戒：把旧书废纸卖给人（封条、作废的卷册相同）；遗弃在肮脏的地方；脚下践踏；糊窗户糊墙壁；盖瓮裱画；擦书桌砚台；擦污垢；在夜晚点灯照明；抽烟时点火；用刀剪裁破；因为发怒扯碎；拿书籍作枕头；给妇女夹针线；嚼烂吐在地上；塞在墙壁的窟窿里；烧成灰丢弃在地上。（出自《言行汇纂》）

《广惜字真诠》：下笔关系到人的性命，这样的字应当慎重；下笔关系到人的名誉节操，这样的字应当慎重；下笔关系到人的功名，这样的字应当慎重；下笔属于闺房秘密之事，以及离婚字据的，这样的字应当慎重；下笔离间骨肉的，这样的字应当慎重；下笔谋算别人自己获利，侵害别人自己保命的，这样的字应当慎重；下笔欺压老人小孩的，这样的字应当慎重；下笔心怀个人恩怨，故意出卖正道，破坏别人已定计划的，这样的字应当慎重；下笔挑唆别人结怨，代替别人捏造讼词的，这样的字应当慎重；下笔肆意颠倒是非，让人含冤的，这样的字应当慎重；下笔喜欢作淫词艳曲，同时用诗作讥讽他人的，这样的字应当慎重；下笔直刺别人的忌讳，让人抱恨终生的，这样的字应当慎重。（出处同上）

以上两则，相传是文昌帝君的话。事实虽然没有考证，但文字揭示了天地间的秘密，说明了万物变化的本原，是圣人创造的。尊敬它就得到福气，亵渎它就招致灾祸。这是千古不变的道理。身在衙门，用纸笔处理事务，书桌上堆积各种文件，最容易犯不敬的罪过。至于“广惜字”各条，则是如今的吏员，习惯于以此获利，唯恐不能做到的。下笔时，如果能存有慎重之心，那么离为善去恶就不远了。

徐太室[1]曰，一手诘盗[2]，一手窃盗赃。故前盗死而后盗生。一面惩奸，一面窥奸妇。故此奸伏而彼奸起。【归有园尘谈】

衙门中日日治奸治盗，而胥役不免为奸盗之事。千般计巧，所瞒昧者止一官耳。衙门而外，人人目为奸盗。清夜扪心，能不通身汗下。

【注】

(1)徐太室：徐学谟，字叔明，一字太室，明朝人。徐学谟擅诗文，被誉为“制作巨手”，著述甚多。著有《归有园尘谈》。

(2)诘盗：查办强盗。

【译】

徐太室说：“一只手查办盗窃，一只手窃取盗贼的赃物。所以前面的盗贼死了，后边的盗贼又出现了。一面惩办通奸，一方面偷窥奸妇。所以这里的奸情平息，那里的奸情又发生了。”（出自《归有园尘谈》）

衙门里天天惩治通奸，查办盗窃，但是吏员又免不了做通奸、盗窃一类的事。使出各种巧妙的计策，所隐瞒欺骗的只是长官一个人。衙门外人人都把衙门里的人看作奸夫、盗贼。清净的夜晚把手放在胸口，能不全身流下汗来吗？

胡端敏[1]公曰，瞒人之事弗为，害人之心弗存，则为良吏。【存业编】

此二语，亦人所易知。但身入公门，则无人不作瞒人害人之态，无时不行瞒人害人之计。且有自悔不能瞒人害人者，有唯恐瞒人害人之不巧者。时地使然，习而不察耳。愿书此二语于廨舍[2]，以为群吏朝夕之警焉。

【注】

(1)胡端敏：胡世宁，谥号端敏，明代官员。

(2)廨〔xiè〕舍：官署。

【译】

胡端敏公说："骗人的事不要做，害人的心不要有，就是好的吏员。"

（出自《存业编》）

这两句话，也是人们所很容易明白的。但自己进了衙门，就没有人不抱有骗人害人的想法，无时无刻不在运用骗人害人的计策。而且还有因为不能骗人害人而感到自我懊悔的，还有唯恐骗人害人的计策不巧妙的。时间地点使他这样，环境的习染让他们不能看明白。希望把这两句话写在官署的墙上，作为对众吏员从早到晚的警示。

龚戆庵问龙潭老人曰，近世善恶报应，颇觉差池。岂苍苍[1]者亦愦愦[2]耶。龙潭指天而语之曰，此老虽不急性，却有记性，要其终观之可也。

【同上】

不急性，不过幸免于旦夕。有记性，断难免祸于将来。所谓到头终有报也。世有身为胥吏，倚官衙权势，陷害良民，以致家益富饶，门户鼎盛者，人每惊而异之，甚且羡慕而效法之。是皆不知天之有记性者也。

【注】

(1)苍苍：指天。

(2)愦愦：糊涂。

【译】

龚戆庵问龙潭老人说："近代的善恶报应，感觉很是有些差错。难道老天爷也糊涂了？"龙潭老人指着天对他说："这个老人虽然不性急，但有记性。要等到最后来看才行。"

（出处同上）

不性急，只不过在很短的时间内可以幸免；有记性，一定难免在将来招致灾祸。所谓“到头终有报”。世上有身为吏员，倚仗官府衙门的权势，陷害良民，以致家庭更加富有，门户鼎盛的人，人们往往对他们感到惊奇，甚至羡慕并效仿他们。这是都不知道老天爷是有记性的。

宋潜溪[1]曰，积邱[2]山之善，尚未得为君子。贪丝毫之利，便已陷于小人。【言行汇纂】

凡为吏胥，固无事无时，不作图利想也，尝自问能不陷于小人否。

【注】

(1)宋潜溪：宋濂，字景濂，号潜溪，元末明初文学家，曾被明太祖朱元璋誉为“开国文臣之首”。

(2)邱：同“丘”，小山。

【译】

宋潜溪说：“积累了像小山一样的善，还未必成为君子；贪图丝毫的私利，就已经陷入小人的圈子。”（出自《言行汇纂》）

凡是做吏员的，固然无时无事不抱有贪图利益的想法，曾经自问过能不陷入小人的圈子吗？

人不改过，多是因循[1]退缩。须奋然振作，从前种种，譬如昨日死。从后种种，譬如今日生。如毒蛇啮指，速与斩除，无丝毫凝滞[2]。此风雷之所以为益[3]也。【同上】

人之指吏胥，皆曰衙蠹。盖由贪利如饴，作恶种种，吸人脂膏，有如蛇蝎也。苟欲改恶从善，当如昨日死，今日生，方可振作。更当看作毒蛇啮指，方可斩除。稍一因循，毒重难救矣。可不惧哉。

【注】

(1)因循：疏懒、懈怠。

(2)凝滞：疑难的意思。

(3)益：增益、助益。《易经·益卦》的象辞里说："风雷，益。君子以见善则迁，有过则改。"

【译】

人不能改正错误，大多是因为疏懒懈怠，退缩不前。必须奋然振作，从前的一切，如同昨天就死去；今后的一切，如同今天才诞生。好像毒蛇咬了手指，迅速把它切除，没有丝毫迟疑。这就是风雷相互补益的原因。

（出处同上）

人们指着吏员，都叫"衙门里的蛀虫"。大概是因为他们把贪图私利看得如同吃糖一样甜蜜，作了许多恶。吸食民脂民膏，就像蛇蝎一样。如果想改恶从善，就当看作昨天已经死去，今天刚刚诞生，才能振作起来。更应当看作被毒蛇咬了手指，才能断然去除。稍微一疏懒，中毒深重很难挽救。能不感到惧怕吗？

凡吏立身正直，自能服人。若动逞意气，故作威棱[(1)]，此怨府[(2)]也。

【同上】

逞意气而作威棱。意气有时而平，若使衙门胥吏，倚附权势，吞噬无餍[(3)]，其为怨府也，不知几何矣。

【注】

⑴威棱：威力，威势。

⑵怨府：怨恨集中的地方。

⑶餍：同“厌”，满足。

【译】

但凡吏员为人正直，自然能够服人。如果动不动就放纵自己的情绪，故意显示出一种威势。这是众怨所归的地方。（出处同上）

放纵情绪而且故意显示一种威势。情绪有时可以消除，假如衙门里的吏员，倚仗权势，吞吃钱财，不知满足，那成为众怨所归的地方，就不知道有多少了。

可以一出而救人之厄，一言而解人之纷，此亦不必过为退避也。但因以为利，则市道矣。【同上】

救厄解纷，莫如在官之人。所虑者，以财利为行止，全无公义，包揽扛帮[1]，如虎生翼，教猱升木[2]，祸胎怨府。岂止市道而已。

【注】

⑴扛帮：拉帮结伙。

⑵教猱升木：叫猴子爬树，比喻教唆别人干坏事。

【译】

能够一出手就解救别人的危难，一句话就解除别人的纷争，这也就不必过分地退让回避了。只是借此作为自己获利的手段，那就成了市侩之道了。（出处同上）

解救危难，解除纷争，没有比得上做官的人。所担心的是，用是否能获得财利来决定做还是不做。完全没有公义，大包大揽，拉帮结伙，如虎添翼，教猱升木，留下众怨所归的祸根。这哪里只是市侩之道呢？

华彦民曰，蛾之种类不一。有一种名曰扑灯蛾，似蝶而小。夜飞见灯则扑之，遂殒其躯。夫蛾之扑灯，向明而来，初岂谓其害己哉。必资其气焰，利其膏泽，故轻身投之。迨知祸，则已无及矣。　【解人颐】

胥吏倚势作奸，舞文纳贿，将谓得财可以养生，未几身命难保。然则非理营逐，早夜孜孜，唯恐不巧者，正其招祸取死，唯恐不速者也。与扑灯之蛾，何以异耶。

【译】

华彦民说："蛾子的种类不同。有一种名叫'扑灯蛾'，长得像蝴蝶但比蝴蝶小。夜晚飞行的时候看见灯就扑上去，于是它的身躯被烧死了。蛾子扑灯，是向着光明而来，当初哪里认为会害了自己呢？一定是想借助灯火的气焰，从灯火的油脂中获得利益，所以不惜自己的身躯扑了上去。等到知道是灾祸，就已经来不及逃脱了。"　（出自《解人颐》）

吏员依仗衙门的威势做坏事，玩弄文字收受贿赂，以为获得钱财可以维持生活，过不长时间连生命也难保。既然这样，那么非法追逐利益，从早到晚孜孜以求，唯恐计谋不巧妙的人，正是招致灾祸自己找死，唯恐不快的人。和扑灯的蛾子有什么不同呢？

唐翼修[(1)]曰，凡为公门胥役者，其处心积虑，大约与屠业者相似。初未尝不具慈悯心，积久便成杀机。习惯则生意日微矣。故有初入衙门，犹有顾忌之念。到老年便成猾贼，良心澌灭[(2)]殆尽。又有自家尚是好人，大众交摘，竟堕恶道者。盖其平日狐假虎威，自谓豪杰作用[3]，欣欣得意。不知积孽多端，不惟自身受之，且祸延后代。仔细思之，亦何益乎。休论其远，即观目前，害人过多，索诈恐吓，为乡邑所侧目。一旦身罹法网，懊悔无门。虽日诵经礼忏，亦无救于万一矣。古云，明有王法，幽有鬼神。思之思之。【人生必读书】

危言苦语，曲尽情态。可知身入公门，真人鬼关也。苟有良心，能不猛省。

【注】

⑴唐翼修：唐彪，清代人，著有《人生必读书》。

⑵澌〔sī〕灭：消亡，消失。

⑶作用：作为。

【译】

唐翼修说："凡是在衙门做吏员的人，他们的用心变化过程，大概和从事屠宰业的人相似。最初未尝不具有仁慈怜悯之心，日子久了就生成了杀生之心。养成习惯了，怜悯生命的想法就一天天少了。所以就有刚进入衙门时，还有顾虑畏忌的想法。到了老年就成了猾贼，良心泯灭殆尽。还有，自己还是好人，经众人相互影响，最终堕入邪恶之道。因为他们平时狐假虎威，自认为是豪杰的作为，非常得意。殊不知积累下各种罪孽，不只自身受到报应，而且灾祸会延续到子孙后代。仔细想想，又有什么益处呢？不要说将来，就看眼前，害人过多，勒索敲诈，威胁恐吓，被同乡的百姓憎恨。一旦自身触犯法律，懊悔无门。即使每天诵念经文，礼拜忏悔，也不能有一点点的挽救。古人说，'明处有王法，暗处有鬼神'。好好想想吧！好好想想吧！"（出自《人生必读书》）

正直逆耳的话语，把吏员们的情态摹写得非常详尽。从中可以明白自身进入衙门，真是进入做人还是做鬼的关口。如果有良心，能不猛醒吗？

府史胥徒，其未在官之先，未必不良善也。及一入公门，而口之所出，多非实言。身之所行，多非正事。盖不如是，则不足以给一家之用。何也。彼既已在官，则以公门为恒产。上不能读书以求禄，次不能耕稼以谋生，次不能工贾以求利。八口之需，皆望于公门所出。使口必择言，身必择行，将终岁无担石[1]之入。室人交谪[2]，嗷嗷待哺者，谁为养育。势不得不丧其本心，言不义之言，行不义之行，以取不义之财，给一家之用也。及取之既惯，则竟视为应得之物，无害于天良，而大肆其贪残矣。【同上】

托业在是，必谓一钱不取，诚有所难。但取之有道，须是于理无碍，于心可安者，方不损阴骘。若一味贪婪，恃威吓诈，但知饱身肥家，全不顾人死活。究之饮啄[3]前定，非可强求，分外不能有毫末之增。徒使罪恶如山，祸延妻子，孰得孰失。愿执役公门者，熟思而审处之也。

【注】

(1)担石：担、石，均为古代量词。一百斤为一担，十斗为一石。

(2)交谪〔zhé〕：交相指责。

(3)饮啄：饮水啄食，引申为吃喝、生活。

【译】

府史胥徒这些吏员，在他们未到官署任职之前，不一定不善良。等到一进入衙门，嘴里说出的，大多不是实话；身体所做的，大多不是正事。因为不这样，就不足以供给全家的开销。为什么呢？他们到官署任职以后，就把衙门作为固定的产业。首先不能靠读书来求取俸禄，其次不能靠种庄稼来谋生，再次不能靠做工经商来获取利益。八口之家的所需，都希望从衙门里取得。假如说话选择着说，做事选择着做，那么年终将会没有一担一石的收入。家里的人交相指责，嗷嗷待哺的小孩，谁替他养育呢？

这就势必不得不丧失他们的天性，说不义的话，做不义的事，来获取不义的钱财，供给全家的开销。等到已经形成习惯了，那就竟然把它看作是自己应当得到的东西，没有伤害自己的良心。从而毫无顾忌地去做贪婪凶残的事。（出处同上）

把自己谋生的事业寄托在这里，一定要说一文钱都不贪取，确实有难处。只是要取之有道，必须在道理上说得过去，这样心里才会安宁，才不损阴德。如果一味贪婪，倚仗官府威势恐吓欺诈，只知道饱了自身，肥了自家，全然不顾别人的死活。认真推究，一个人的生活前世已经确定了，不能强求，分外不能有丝毫的增加。如果非分地增加了，只能使自己罪恶如山，祸患延续到妻子儿女。哪个是得哪个是失，希望在衙门做事的人，认真思考然后审慎对待。

顾亭林[1]曰，汉武从公孙弘之议，下至郡太守卒史，皆用通一艺以上者。唐高宗总章初，诏诸司令史考满[2]者，限试一经。昔王粲作儒吏论，以为先王博陈其教，辅和民性。使刀笔之吏，皆服雅训。竹帛之儒，亦通文法[3]。故汉文翁为蜀郡守，选郡县胥吏，开敏有材者，张叔等十余人。亲自饬厉[4]，遣诣京师，受业博士。后汉栾巴为桂阳太守，虽干吏[5]卑末[6]，皆课令习读。程试殿最[7]，随能升授。吴顾邵为豫章太守，胥吏资质佳者，辄令就学。择其先进，擢置右职[8]。而梁任昉有厉吏人讲学诗。然则昔之为吏者，皆曾执经问业之徒，心术正而名节修，其舞文以害政者寡矣。【日知录】

为吏用通艺明经之人，以其明理而后可以任事，有识而后可以有为也。今之吏胥，未尝非曾读经书之人，乃读书时原为营求科第，徒资口耳，全无心得。一旦弃举业，入公门，益视经书为无用。其存心行事，虽显悖经书，亦不及顾。心术如何不坏，名节如何能立。顾先生此议，崇重学术，厚望吏胥，两得之矣。

【注】

⑴顾亭林：顾炎武，号亭林，明末清初著名思想家、史学家、语言学家。

⑵考满：考绩期限已满。

⑶文法：法律条文。

⑷饬厉：告诫勉励。

⑸干吏：指古代一种地位低下的官吏。

⑹卑末：低级的官吏或职位。

⑺殿最：古代考核政绩或军功，下等称为“殿”，上等称为“最”。

⑻右职：重要的职位。

【译】

顾亭林说：“汉武帝听从公孙弘的意见，下到郡太守卒史，都要任用精通一门以上才艺的人。唐高宗总章初年，下诏各官署的令史考绩期限已满的，限定考一门儒家的经典。从前王粲作《儒吏论》，认为先王广泛地开展教育，调和百姓的性情，让刀笔吏都能接受雅正的教训，饱读诗书的儒生，也能熟知法律条文。所以汉代的文翁做蜀郡太守，选择郡县里通情达理、聪明机敏的吏员张叔等十几个人，亲自告诫勉励，派遣到京城，跟随博士学习。后汉的栾巴做桂阳太守，即使是地位低下的吏员，都督促命令他们读书学习，按照规定程式考核等次，根据才能升官授职。三国时吴国的顾邵做豫章太守，资质良好的吏员，就让他们从师学习，选择其中优秀的，提拔安置到重要的职位。而南朝梁的任昉又是勉励吏员研习诗书。既然这样，那么古代做吏员的，都曾是手捧经书请教学业一类的人。心术端正且名节美好，他们当中玩弄文字有害于国家治理的人就很少了。”

（出自《日知录》）

做吏员任用精通才艺通晓经书的人，因为他们明白事理然后才能胜任职事，有见识然后才能有作为。如今的吏员，未尝不曾经是读诗书的人。然而读书的时候，原本就是为了谋求科举及第，只是凭借嘴巴和耳朵，完全没有心得。有朝一日放弃了为科举考试的学业，进入衙门，更把诗书看得没有用处。他们的用意和行为，虽然明显有悖于经书，也来不及考虑。心术怎么能不坏呢？名节怎么能树立呢？顾先生这番议论，尊重学术，对吏员寄予厚望，两者都有。

又曰，周官太宰，乃施典于邦国，而陈其殷，置其辅。后郑氏曰，殷，众也，谓众士也。辅，府史，庶人在官者。夫庶人在官，而名之曰辅。先王不敢以厮役[1]遇其人也。重其人，则人知自重矣。【同上】

柳子厚言，有里胥而后有县大夫，有县大夫而后有诸侯，有诸侯而后有方伯[2]连率[3]。其间等威[4]贵贱，迥不相侔[5]，而其事则皆敷政理民，以辅佐天子者也。试看今日檄行，不曰该管官吏，则曰官参吏处。事无大小，有主持之官，即不能无承行之吏。苟明于陈殷置辅之义，吏益知所以自重爱，而不肯知法而犯法矣。

【注】

(1)厮役：指受人驱使的奴仆。

(2)方伯：殷周时一方诸侯之长。

(3)连率：连帅。古代十国诸侯之长。

(4)等威：与一定的身份、地位相应的威仪。

(5)侔〔móu〕：相等。

【译】

又说：“《周官·太宰》里记载：‘乃施典于邦国，而陈其殷，置其辅。’后来郑玄解释说：‘殷，众多的意思，说的是众士。辅，府史的意思，是以普通百姓的身份到官府任职的人。’把他们称作‘辅’，是因为先王不敢像对待奴仆那样对待他们。先王看重任用的人，那么被任用的人就应当自重。”（出处同上）

柳子厚说过这样的话：“有了里长然后才有县大夫，有了县大夫然后才有诸侯，有了诸侯然后才有方伯、连率。”他们之间的威仪贵贱，迥然不同。但他们的职责都是施行教化、管理百姓，从而辅佐天子。且看如今的公文，不是说“掌管官吏”，就是说“官员参与决定吏员负责具体办理”。事情无论大小，有主持的官员，就不能没有负责施行的吏员。如果明白了设置“殷”“辅”的意义，吏员就会更加懂得自重自爱，而不愿知法犯法。

又曰，元初有宪官(1)疾，吏往候之。宪官起，扶杖而行，因以杖授吏。吏拱手却立，不受。宪官悟其意。他日见吏，谢之。吏曰，某为属吏，非公家僮，不敢避劳，虑伤理体。是则此辈中未尝无正直之人，顾上所以陶镕(2)成就之者何如尔。【同上】

吏胥苟有欲心，唯恐官之不任用，凡百依附谀悦，求为家僮而不得，何惜持杖耶。不肯持杖之吏，不但识体，其心中必有卓然自立，泰然无愧者也。官不以此见责，而反谢之，益见吏苟自重，官无不重之也。

【注】

(1)宪官：御史台或都察院所属的官员。因掌持刑宪典章，所以称宪官。

(2)陶镕：陶铸熔炼。比喻培育、造就。

【译】

又说：“元代初期有一位御史台的官员病了，一个吏员前去问候。官员站了起来，拄着拐杖行走，顺便把拐杖递给吏员。吏员双手抱拳退后一步站立，没有接受。官员明白了他的意思。过些天见到这个吏员，官员亲自道歉。那个吏员说：‘我作为属吏，不是您家里的仆人，不敢躲避辛劳，只是担心有伤事理。’这就是说这一类人当中未尝没有正直的人，只不过看上司如何培育造就他们罢了。”（出处同上）

吏员如果有私欲之心，唯恐官员不任用，一切都会顺从讨好，希求做仆人还怕不能，哪里会吝惜拿个拐杖呢？不肯拿拐杖的吏员，不但懂礼，他的心中一定有卓然自立、坦然无愧的信念。官员没有因为这个而去责备他，反而道歉，更可以看出吏员如果自重，官员没有不看重他的。

又曰，汉自曹掾[1]以下，无非本郡之人。故能知一方之人情，而为之兴利除害。其辟用之者，即出于守相。故广汉太守陈宠，入为大司农[2]。和帝问在郡何以为理，宠顿首谢曰，臣任功曹王涣，以简贤选能。主簿镡[3]显，拾遗补阙。臣奉宣诏书而已。帝乃大悦。至于汝南太守宗资，任功曹范滂。南阳太守成瑨委功曹岑晊。并谣达京师，名标史传。【同上】

有不能兴利除弊之官，无不知民情土俗之吏。以吏皆本郡之人也，论同里相关之意，官尊而吏亲也，官暂而吏久也。唯吏有损人利己之心，遂有倚势作奸之事。不能为力于官，而且有害于官；不能造福于本郡，而且遗祸招怨于本郡。然则今日之官不任吏，而且以听信吏胥为讳也。岂非吏之自取哉。闻王涣诸人之风，可以兴矣。

【注】

(1)曹掾：分曹治事的属吏，吏员。

(2)大司农：官名。掌租税钱谷盐铁和国家的财政收支，为九卿之一。

(3)镡〔xín〕：姓。

【译】

又说："汉代自吏员以下，没有不是本郡的人。所以能知道一个地方的人情世故，从而为那个地方兴利除弊。那些征召任用他们的人，就出自太守。所以广汉太守陈宠，进入朝廷做了大司农。汉和帝问他在郡里用什么方法理政，陈宠叩头谢恩说：'我任用功曹王涣，来选拔贤能的人才；任用主簿镡显，来补救过失。我只是奉命宣读诏书罢了。"和帝于是非常高兴。至于汝南太守宗资，任用功曹范滂，南阳太守成瑨任用功曹岑晊，都是佳话传到京城，美名载入史册。（出处同上）

有不能兴利除弊的官员，没有不知民情风俗的吏员。因为吏员都是本郡的人，论与同乡的关系，官员尊贵而吏员亲切，官员短暂而吏员长久。只有吏员有损人利己之心，就会有倚仗官府威势作奸犯科之事。不光不能为官员出力，而且对官员有害；不光不能为本郡造福，而且给本郡留下祸害，招来怨恨。既然这样，那么如今官员不能任用吏员，而且把听信吏员当作忌讳。难道不是吏员自取的结果吗？听了王涣等人的事迹，任用吏员的风气一定可以兴起了。

魏环溪[1]曰，凡不义之财，不可以供神，不可以祭祖，不可以献亲，不可以贻子孙，不可以修家祠，置坟墓，买书籍。唯济贫救荒，施药埋骨，修桥补路，庶几可耳。【寒松堂集】

大凡胥吏贪财，止虑其不能取之，不虑其不可以用也。若知不义之财之不可以用，则贪心自淡。其已取而不义者，唯有为赈荒埋骨修桥等用，庶几免悖出之患，可以晚盖[2]于末路也。

【注】

(1)魏环溪：魏象枢，字环溪，又字环极，号庸斋，清代人。著有《寒松堂集》。

(2)晚盖：以后善掩前恶的意思。

【译】

魏环溪说："凡是不义之财，不可以供神，不可以祭祖，不可以送给亲属，不可以留给子孙，不可以修建家祠、置办坟墓、购买书籍。只有用来救济贫困、救助灾荒，施舍药物、埋葬无主尸骨，修桥补路，差不多还可以。"

（出自《寒松堂集》）

大凡吏员贪财，只担心它不能获取，不担心它不可以用。如果知道了不义之财不可以用，那贪心自然就淡薄了。那些已经获取的不义之财，只有作为救助灾荒、埋葬无主尸骨、修建桥梁等来使用，差不多可以免除因错误支出而带来的祸患，可以在走到末路时用后来的善行掩盖以前的罪恶。

熊勉庵[1]公门不费钱功德例曰，随事方便。　不勒讨儿卖女钱。　不唆人兴讼。　不无中生有索诈。　不拨制官长生事。　不捺[2]案。　不妄引重律。　牌票[3]招详字眼。不改轻为重。　不吓骗乡愚。　不生枝节提人。【一夫到案。合户不宁。】不唆盗贼扳[4]仇家。　不轻口嘈杂人。　不乘危索骗。　不轻败人体面。　不哄提人伺候。　不受买嘱，妄加锁锢。　不假公造语陷人。　不洗补[5]字眼入人罪。　入罪不下死煞字语。【笔下超生。此之谓也。】杖笞不聚人一处。　不因无钱恨刑。　不杖人腿弯。　不浪费人茶饭。　不破坏人婚姻。　不叨准呈禀。　不滥差人动众。　不重备刑具。　不诬害良民。不索铺堂[6]。　不轻拿窝家[7]。　不轻写票收人监铺[8]。不轻票取[9]人物。　不逼病人妇女到官。　不使百工经纪折本。　不坏人功名性命。　不离人骨肉。　不惊动邻佑。　不献恶法横征酷比[10]。　不迎官意虐民。　不使人饥饿。　轸恤[11]狱囚。　矜原[12]差悮[13]。　已赦罪犯，勿复提起。　已蠲[14]钱粮，勿勒减销。　水旱请官早报灾伤，设法赈济。　批回速请发。　解到速请审。　事属暧昧，或关闺阃，稍可缓止，切勿送佥[15]。　前件未完，勿挂后件，使人伺候。　多送正风俗兴利除害告示。　失节事无论贵贱，虽目击必为辩解。　节孝之名，不论低微，虽传闻，必为表扬。　学役时常清洁圣殿两庑[16]。　常请劝修整齐。　常称人节孝德行。　不轻传劣迹恶款。　【宝善堂格言】

托身公门，欲其损财以利人，诚有所难。此不费钱功德例中，有弟不取非理之财，而即可以利人者。有本无财之可取，但于人所不经意处，略一检点，人即受惠无穷者。总之皆未尝费己之财也。胥吏役卒，造恶多端，造福亦多端。其概总不出此。每日自省一过，有则改之，无则加勉。其为功德也多矣。

【注】

⑴熊勉庵：熊弘备，字勉庵，清代人。著有《宝善堂不费钱功德例》。

⑵捺：搁置，扣压。

⑶牌票：旧时官方填发的固定格式的书面命令，差役执行时持为凭证。

⑷扳：同“攀”，牵连。

⑸洗补：涂改添补。

⑹铺堂：铺班，指旧时官府差役向犯人索取贿赂而定的陋规。

⑺窝家：窝主，窝藏罪犯或赃物的人或人家。

⑻监铺：牢房。

⑼票取：掠取。

⑽比：官府限期办好公事。

⑾轸〔zhěn〕恤：深切顾念和怜悯。

⑿矜原：哀怜原谅。

⒀悮：同“误”。

⒁蠲〔juān〕：免除。

⒂送佥〔qiān〕：呈送签押。

⒃庑〔wǔ〕：堂下周围的走廊、廊屋。

【译】

熊勉庵《公门不费钱功德例》里说："随时随地行方便；不勒索别人卖儿卖女的钱；不唆使别人挑起诉讼；不无中生有勒索敲诈；不挑拨上司生出事端；不搁置扣压案件；不胡乱把重法拿来使用；上级命令、疑犯供词里的文字，不改轻为重；不恐吓欺骗乡村百姓；不生枝节传讯人（一个人到案，全家不安宁）；不唆使盗贼牵连他的仇人；不轻易出口贬损他人；不乘危难勒索欺骗；不轻易败坏他人体面；不用欺骗的手段抓人来伺候自己；不接受别人请托办事的钱财，胡乱拘禁人；不假借官方名义捏造言辞陷害他人；不涂改添加文字让他人入罪；入罪时不给写致人死罪的词语（笔下超生，说的就是这个）；用棍棒等刑具击打犯人时不集中在他身体的一个地方；不因为犯人没有钱而生恨用刑；不用棍棒击打犯人的腿弯；不浪费他人茶饭；不破坏他人的婚姻；向上司禀报事项不贪求全部获准；不随意派遣下人出去惊动百姓；不准备很多的刑具；不捏造事实陷害良民；不依照不良惯例向犯人索取贿赂；不轻易捉拿窝主；不轻易写传票把人收入牢房；不轻易掠取他人财物；不强迫病人、妇女到官府受审；不让工匠经营亏本；不破坏他人的功名性命；不离散他人的至亲；不惊动左邻右舍；不向上司进献坏的法规，滥征捐税而且制定苛刻的期限；不迎合长官的意愿残害百姓；不让他人忍饥受饿；怜悯狱中囚犯；原谅他人的差错；已经赦免的罪犯，不再提起；已经免除的钱粮，不再强行征取；遇到水旱灾害要报告上司，及早上报灾情和受到的损失，想方设法进行赈济；批回的文件迅速下发；押解到的嫌犯迅速审理；属于模糊不清的案件，或者案件有关闺房隐私，可以稍微缓交或者压下，不要呈送签押；前一个案件还没有完结，不要牵扯后一个案件，让人等候；多下发端正风俗、兴利除害的告示；有关丧失节操的事，不论当事人身份贵贱，即使亲眼所见，也一定尽力为其辩解；节孝的美名，不论当事人身份如何低微，即使是传闻，也一定加以表扬；学校里的勤杂要经常清扫圣殿两侧的廊屋，时常让人修整得齐齐整整；经常称赞他人节孝的德行，不轻易散布他人的恶劣行为。”

（出自《宝善堂格言》）

寄身在衙门，想让他损失钱财而有利于别人，确实有困难。这个《不费钱功德例》中，有的只是不获取不合情理的钱财，就可以有利于别人；有的本来没有钱财可获取，只不过在别人不经意的地方，稍微检点一下，别人就受到无穷的好处。总之都不曾破费自己的钱财。吏员役卒，作恶是多方面的，造福也是多方面的。总体上不会超出这个范围。每天自己反省一个过错，有则改之，无则加勉。那积的功德就很多了。

孙可庵[(1)]曰，衙门中人，见利不顾死生。一得宠，则不计利害。官若假以词色，便到处骗人。其门如市，假势横行，四民畏之如虎。亲戚亦气焰逼人。凡有身家之念者，俱礼之为上宾。大家宦族，俱畏之如蛇蝎。而若辈扬扬自得，目中且不知有天日，又乌知有法纪。士民切齿，人言鼎沸。甚可畏也。

【为政第一编】

凡此皆今之胥吏，所夸为时时兴头[(2)]者也。岂知其存心行事，无异蛇蝎。而人且畏之如虎耶。不知天日，不知法纪之人，其何以保身家，贻子孙也。

【注】

(1)孙可庵：清代人。

(2)兴头：高兴起劲。

【译】

孙可庵说："衙门中的人，看到利益不顾生死。一旦受到宠爱，就不计利害。长官如果再给他们好的言语和脸色，就会到处骗人。他们门庭若市，借助官府威势横行霸道，士农工商畏惧他们像畏惧老虎一样。他们的亲戚也气焰逼人。但凡有为自身和家庭着想的人，都把他们待为上宾。富家望族、官宦人家，都畏惧他们像畏惧蛇蝎一样。而这些人扬扬自得，眼里都不知道有天日，又哪里知道有法纪？老百姓对他们切齿痛恨，人言鼎沸。那是非常可怕的啊！"（出自《为政第一编》）

所有这些，都是被今天的吏员夸耀为时时感到高兴起劲的事。哪里知道他们的存心做事，和蛇蝎没有什么不同，别人畏惧他们像畏惧老虎一样。不知天日、不知法纪的人，他们怎么能保全身家，给子孙留下福分呢？

又曰，官有蠹役，如书之有蟫[(1)]，木之有蛀。残蚀既久，书破木空。书役弊窦[(2)]孔多[(3)]，其弊也，皆其蠹也。蠹国蠹民，平时不觉。一旦破败，投鼠而忌其器，批根而动其枝。官且难保。蠹虽死，何足惜耶。【同上】

世上贪财害义，种类甚多。唯衙门中人，则名之曰蠹。以其倚势肆毒，而人不及觉也。书蟫木蛀，生长寝食于书木之中，藏身日固，噬害日深。未几书破木朽，蟫蛀同归于尽。几见有书中之蟫，木中之蛀，而可以长久者耶。为官者，固不可藏蠹以自蚀。为吏胥者，亦何苦自居于蠹，以速其死亡耶。

【注】

(1)蟫〔yín〕：书里的白虫。

(2)弊窦：弊端，产生弊端的漏洞。

(3)孔多：很多。

【译】

又说："官府里有蠹役，就像书里有蟫，木头里有蛀虫。毁坏侵蚀的时间长了，书籍破损，木头中空。掌管文书的吏员弊害很多，那些弊害，都是由蠹役造成的。损害国家，损害百姓，平时不易察觉。一旦败露，投鼠忌器，拔出根就会动摇枝干。官员尚且难以自保，蠹役即使死了，又有什么值得可惜的呢？"（出处同上）

世上贪财害义的事，种类很多。只有衙门里的人，却把他们叫作"蠹"。因为他们倚仗官府的威势肆意为害，而别人又不易察觉。书籍和木头里的蛀虫，生长生活在书籍木头当中，藏身一天比一天牢靠，侵害一天比一天严重。过不了多长时间书籍破损木头糟朽，蛀虫同归于尽。何曾看到书籍里的书虫，木头里的蛀虫，能够长久生存的呢？做官的，当然不能藏匿蠹役侵蚀自己，做吏员的，也何苦自己处在"蠹"的位置，来加速自己的死亡呢？

鹿门子(1)曰，民之当恤者五：正额之外，复有加派，加收之外复有预支。朝廷未得其一，胥吏已吞其十。此宜恤者一也。舟车之外，复有兴作。兴作之外，复有差遣。朝廷未用其一，官吏已役其十。此宜恤者二也。由是夜卧霜雪，滴泪成冰。夏冒炎暑，挥汗如雨。官从鞭捶，伍长辱詈。饥无糇(2)粮，渴无浆饮。此宜恤者三也。至若乡居农夫，身未履法堂，目未睹官长。遇公差，则战栗吞声。见里长，则仓皇变色。科收独受其多，力役先当其楚。此宜恤者四也。耰(3)锄释而仓空，杼柚(4)停而丝尽。破肤裂指，不免于寒。沾(5)体涂(6)足，不免于饥。公门有舞文之吏，里巷有剥脂之奸。终岁之勤，不足以供诸蠹。此宜恤者五也。【感应篇注】

官虽至暴，必由胥隶助成其虐。官虽至仁，必藉胥隶施行其惠。试看此五者之扰民，何一非经胥隶之手乎。噫，民生困苦，固望官能恤之，尤望吏胥之肯恤之也。

【注】

⑴鹿门子：皮日休，字袭美，自号鹿门子。晚唐文学家、散文家。

⑵糇〔hóu〕：干粮。

⑶耰〔yōu〕：古代一种农具，用于弄碎土块、平整土地。

⑷杼柚〔zhú〕：织布机上的两个部件。这里代指织机。

⑸沾：同“霑”，雨水浸湿。

⑹涂：泥巴。

【译】

鹿门子说：“百姓应当体恤之处有以下五种情况：正式规定的数额之外，又有增收的赋税。增收的赋税之外，又有提前的支付。朝廷没有得到其中的一，吏员已经侵吞其中的十。这是应当体恤的第一种情况。造船造车之外，又有其他兴建。兴建之外，又有增加的其他劳役。朝廷没有使用其中的一，官吏已经使用了其中的十。这是应当体恤的第二种情况。因为这些，夜晚睡在霜雪里，滴泪成冰。夏天冒着酷暑，挥汗如雨。官员和随从鞭打，伍长辱骂。饿了没有干粮，渴了没有汤水。这是应当体恤的第三种情况。至于乡里居住的农夫，身体没踏上过审案的公堂，眼睛没见过官长。遇到官府的差役，就战战兢兢，不敢作声。见到里长，就慌慌张张，脸色都变了。摊派的赋税单独承受其繁重，指派的劳役率先担当其苦楚。这是应当体恤的第四种情况。放下锄头了但仓库是空的，织机停了但丝线没有了。皮肤破了，手指裂了，不能免于受冻；身体被雨水浸湿，脚上沾满泥巴，不能免于挨饿。衙门里有玩弄文字的吏员，乡间里有盘剥血汗

的奸人。终年的勤劳，不足以供给诸多的蛀虫。这是应当体恤的第五种情况。”（出自《感应篇注》）

官员即使最残暴，一定是由吏员促成他的暴虐；官员即使最仁慈，一定是借助吏员施行他的恩惠。看看这五种扰民的情况，哪一个不是经过吏员的手呢？唉！民生困苦，固然希望官员能体恤他们，更希望吏员也肯体恤他们啊！

天随子[1]曰，胥吏作奸，转易字面，伪移文卷。空中遗害，舌下流殃。但知取利，莫计伤人。于是有死于笔端者，有死于劳役者，有死于会计[2]者，有死于流弊者。何其毒也。此其事奸人皆优为，而污吏尤甚焉。何则，权势之地，法律施行。无杀人之显名，有得财之实事。是以恬不知悔也。【同上】

一字转移，攸关罪名出入，吏之所以有权也。以此权而生人，则为福无涯。以此权而杀人，则造恶靡极。是在人之善用其权耳。

【注】

(1)天随子：唐代诗人陆龟蒙的别号。

(2)会计：核计，计算。

【译】

天随子说：“吏员干坏事，改动字眼，非法传递文书。凭空留下祸害，言语上布下灾殃。只知道获取利益，不考虑伤害别人。于是百姓有死于笔头子的，有死于劳役的，有死于财物计算的，有死于流弊的。多么歹毒啊！这些事邪恶的人都善于做，但贪赃枉法的吏员更善于做。为什么呢？他们处在有权有势之地，施行法律。没有杀人的显露名声，有获得钱财的实在事实。所以坦然地不知悔改。”（出处同上）

一个字的改动，关系到罪名的差别，是吏员之所以有权力的原因。用这个权力救人，就会造就无边的福分；用这个权力杀人，就可以作恶没有极限。这就在于人们要善于运用他们手中的权力罢了。

又曰，近世以来，胥徒之恶，亦已甚矣。蒙蔽上官，生事兴扰，逢迎附会，票令纷纭，而悉索[(1)]之事逞焉。由是假借官威，恐吓愚民，何比比也。夫乡野之农，视官长如神灵，见公差如鬼刹，闻名胆丧，望风股栗。故里中之奸猾者，常挟此以诈财焉。况乎隶之衔命[(2)]而往者，其迫胁不更甚乎。为隶者苟能持平等之心，捐[(3)]诈谎之习。懦者勿侵，愚者勿欺。待之以和颜，示之以正路。事可息，则息之。失可弥，则弥之。取无过索，适可而止。抑又何罪焉。若以迫胁为强，未有不身遭刑戮，祸及其家者也。【同上】

吏本无势，倚官之势而横行无忌，迫胁愚民。所谓狐假虎威者也。及至身陷刑辟，则已亦如俎上之肉，釜中之鱼，向日赫赫之势，果安在哉。能持平等心，而随处力行方便，虽不以势胁人，人亦未尝不敬服耳。

【注】

(1)悉索：搜刮。

(2)衔命：奉命。

(3)捐：丢弃。

【译】

又说：“近代以来，吏员作恶，已经很严重了。蒙蔽上司，惹出事端，挑起纷争，逢迎附会，各种官府文书命令杂乱繁多，搜刮民财一类的事肆意横行。因此借助官府威势，恐吓愚昧的百姓，这样的事多么频繁啊！乡野里的农民，把长官视为神灵，看见官府差役如同看见恶鬼。听到名字就丧胆，看见气势就两腿战栗。所以乡里狡诈的人，常常倚仗这些人向他们敲诈钱财，何况奉命而来的衙役，那胁迫不是更加严酷吗？做衙役的，如果能持有平等的心，去掉诈唬的习气；懦弱的人不去侵扰，愚昧的人不去欺骗；用和蔼的脸色对待他们，给他们指出正路；事情可以平息的就平息，过失可以弥补的就弥补；索取不过分，适可而止。那还能有什么罪过呢？如果把胁迫看作有力量，没有不是自身受到刑罚，灾祸延及他的家庭的。”（出处同上）

吏员本来没有权势，倚仗官府的威势而横行无忌，胁迫愚昧的百姓，就是人们所说的狐假虎威的人。等到身陷刑法，就已经像案板上的肉、锅里的鱼。往日赫赫的威势，到底在哪里呢？能持有平常心，随时随地尽力为他人行方便，即使不凭借官府威势胁迫人，他人未尝不敬重信服。

灵璧子(1)曰，黠吏遇人不利之事，或虚张声势，或妄设变害，或驾言危险，或诳捏惊诧。使愚者怯者，颠倒术中。而忧惶恐惧之过，往往死于非命。不亦惨乎。噫，恐吓之事，常始于微小。而究至倾人之性命，则为害亦大矣。予观世人，欲以恐吓取财，酿成雠祸，锱铢未及入囊，而枷锁先已绕项。违天理，触法网，何不自畏惧，而乃恐吓他人哉。【同上】

乡里愚民，初入官衙，心胆坠地，举目无亲。此时出一言以相宽慰，不啻(2)春风旭日，所全实多。此隶胥等不费之惠也。无如公门习气，惯为恐吓之态，在己未必有益，而于人大有所损，且至酿成人命。可不慎哉。

【注】

(1)灵璧子：书名，晚唐诗人罗隐所作。

(2)不啻〔chì〕：不止。

【译】

《灵璧子》里说："狡黠的吏员遇到别人有不利的事，或者虚张声势，或者胡乱罗列事情的演变和祸害，或者假托别人之口说事情危险，或者虚假捏造事情令人惊诧。让愚昧的人、怯懦的人，在他的骗术中思维错乱，而过于忧愁恐惧的人，往往死于非命。不是很悲惨吗？唉！恐吓的事，常常从微小开始，而最终到了侵害人的性命，那么危害也就很大了。我看世上的人，想用恐吓的手段获取钱财，酿成冤仇灾祸。一分一厘还没有来得及收入囊中，而枷锁先已经绕在脖子上。违背天理，触犯法网，为什么不自己感到畏惧，却竟然恐吓他人呢？"（出处同上）

乡间愚昧的百姓，刚到衙门，吓得心胆都要掉到地上，举目无亲。这时说一句话给予宽慰，不止如春风旭日，所能成全的实在是很多。这是吏员毫不费力就能给予别人的恩惠。不像衙门里的习气，习惯做出恐吓的姿态。对自己未必有好处，对别人却有很大的损害，甚至会酿成人命。能不谨慎吗？

鹤控子[1]曰，官吏张罗而待者，讼也。讼者既至，则以为奇货可居矣。当公票未行，而下吏争任焉。隶执其票，则居然有司也。躁跳之状，目不堪视。嚣叫之声，耳不堪闻。虚张事势，妄逞威风。金多则诺，金少则勃然而发狂。及其伺鞫[2]，则奔走于阶前，伺候于公门。拖累多人，而饔飧[3]烦费。旷日持久，而旅馆萧条。茶居酒肆，着处皆耗金之地。内胥外役，何莫非索镪[4]之人。支吾[5]东西而力罄，逢迎左右而囊空。称贷求情，市产悦吏。一口之气未伸，全盛之家几破矣。【同上】

层层剥削，诸般苦楚，皆涉讼乡愚。所必不能免之情境，即承行胥隶，所不可多得之生涯[6]也。噫，同此保守身家之念，且皆同乡共里之人，究竟所得几何。何乃幸灾乐祸，至于此极耶。

【注】

⑴鹤控子：清代人。

⑵鞫〔jū〕：审问。

⑶饔〔yōng〕飧〔sūn〕：饭食。

⑷镪〔qiǎng〕：通“繈〔qiǎng〕”。穿钱的绳子。引申为成串的铜钱，也泛指钱币。

⑸支吾：应付。

⑹生涯：生意。

【译】

鹤控子说：“官吏做好准备等待的事，就是诉讼。诉讼案件到了，就认为是奇货可居。在官府传票没有发出时，下边的吏员争着去承担送达任务。衙役拿到了那个传票，就俨然是官吏。躁动的样子，不堪入目；喧嚣的声音，不堪入耳。虚张声势，乱逞威风。给钱多就给予承诺，给钱少就勃然发狂。到了等候审问的时候，就在衙门前奔走，在衙门里窥伺。需要牵累好多的人，因而吃喝等费用也特别繁多；需要耗费许多的时日，因而旅馆也匮乏紧张。茶楼酒肆，到处都是花钱的地方；里边的吏员外边的衙役，哪个不是索要钱财的人。应付东西而耗尽力气，逢迎左右而囊中空虚。开口向人借钱来求情，卖掉家产来取悦吏员。一口气还没有出，兴盛的家庭就几乎要破败。”

（出处同上）

层层剥削，诸多苦楚，都是涉及诉讼的乡间百姓，绝对不能避免的情境，也就是负责具体办事的吏员衙役不可多得的生意。唉！这些人都有保全身家性命的想法，而且都是同乡同村的人。究竟能得到多少，怎么能幸灾乐祸，达到这样的极点呢？

又曰，刑狱之凶，不独无辜者，当为悯其沉冤。即有故者，亦当悯其迫致。或先事而周全[1]之，激励之。或临事而详求之，曲原之。或既事而矜恤之，轸念[2]之。皆所谓悯人之凶也。若谓自安之道，惟在人死。则罹凶者无所复望，而不忍人之心，亦几乎息矣。【同上】

恻隐之心，人皆有之。公门中所见，无非呼天抢地，鸠形鹄面[3]之人，仁心尤易触发。正当随时体恤，随事矜全，以尽其不忍之心。倘无辜者则怜之，而人有罪者则以为死不足惜，犹非仁人之用心也。

【注】

(1)周全：帮助。

(2)轸念：想念，想着。

(3)鸠形鹄面：形容人久饥枯瘦之样子。鸠形，腹部低陷、胸骨突起的意思。鹄面，两颧瘦削的意思。

【译】

又说："刑罚带来的不幸，不只是无辜的人，应当为他们长久的冤屈而怜悯，就是确有缘故的人，也应当为他们的逼迫所致而怜悯。或者事前帮助他们，激励他们；或者在事中详细探究，多方体谅；或者在事后怜悯他们，想着他们。这都是人们所说的怜悯他人的不幸。如果说让自己心安的办法，只是让他人死去，那么遭受不幸的人不再有什么希望，而不忍心别人遭受不幸的心，也就几乎停息了。（出处同上）

恻隐之心，人皆有之。衙门里所看见的，无不是呼天抢地、鸠形鹄面的人，仁爱之心最容易触发。正应当时时给予体恤，事事给予怜惜帮助，来尽自己不忍心他人遭受不幸的心。如果无辜的人就怜悯他们，而有罪的人就认为死不足惜，还不是仁爱之人的用心。

又曰，官不持法，公行私赂，则奸者得以自操其权，而法非朝廷之法矣。出数十金[1]以奉吏曰生，则死者亦生焉。出数十金以奉吏曰死，则生者亦死焉。出数十金以奉吏曰直，则曲者亦直焉。出数十金以奉吏曰曲，则直者亦曲焉。生死曲直，不断之以法，而断之以赂。是生死曲直，不操之官，而操之自奸吏矣。其害尚可言哉。【同上】

钱去可以复来，人死不能更活，其轻重较然[2]也。今以数十金之贿，而曲直倒置，生死任意。岂复有天理哉。

【注】

⑴金：古代货币单位。或以一斤为一金，或以一镒为一金。后来也把一两叫作一金。

⑵较然：明显的样子。

【译】

又说："官府不掌握法律，私下贿赂公然进行，那么奸诈的人就能够自己操纵权力，而法律就不是朝廷的法律。花几十两银子送给吏员说'生'，那么本来该死的人也可以活了；花几十两银子送给吏员说'死'，那么本来该活的人也能死去；花几十两银子送给吏员说'直'，那么本来曲的也能变直；花几十两银子送给吏员说'曲'，那么本来是直的也能变曲。生死曲直，不是依法断定，而是依贿赂断定。这就是生死曲直，不掌握在官府手里，而是掌握在奸诈的吏员手里。那危害还能说吗？"（出处同上）

金钱去了还可以再来，人死了不能复活，那轻重是很明显的。如今因几十两银子的贿赂，而曲直倒置，生死任意。哪里还有天理呢？

河汾子曰，入轻为重，受赂之官，时时有之，而舞文之吏尤甚。夫文卷狱辞，掌之者吏也。吏得仇家之利，则改窜字句。或有所索于其人而不足，则诳捏辞语。往往巧施毒手，诬陷良民。使闻者惧之，名曰当路[1]之吏。将谓可以多金而致富耶。夫毁人之肢体，以肥己之身。倾人之性命，以利己之家。是以心为戈矛，而以笔为锋镝者也。以心为戈矛，则生气绝矣。以笔为锋镝，则死机近矣。岂有不倾覆者哉。【同上】

得仇家之贿，而入人于死。因求索之不遂，而入人于死。均为得财计也。此与强盗劫财害命何异。吏胥每日随伺长官，诘治盗贼。情事既明，何尝不同切公忿。以为法无可宽，岂知自己每日所为，即攫赃害命之正盗耶。愿于直堂[2]叙案时，回光返照[3]，一发[4]猛省也。

【注】

(1)当路：执政，掌权。

(2)直堂：同“值堂”，旧指吏役在公堂上当值办事。

(3)回光返照：佛教指反省内心。

(4)一发：一同，一齐。

【译】

河汾子说：“把轻罪入为重罪，受贿的官员，经常有这样的情形，但玩弄文字的吏员更为严重。案卷供词，掌握它们的是吏员。吏员得到了嫌犯仇人的利益，就篡改文字。或者向嫌犯索取钱财而没有满足，就会胡乱捏造言辞。常常巧施毒手，诬陷良民。让听到的人害怕他，把他叫作‘掌权的吏员’。自认为可以得到很多的钱来致富。残害别人的肢体，来养肥自身；侵害他人的性命，来为自家谋利。这是把心作为戈矛，而把笔作为刀口箭头。把心作为戈矛，那么一个人的生气就断绝了；把笔作为刀口箭头，那么这个人的死亡时机就迫近了。哪有不栽跟头的呢？”

（出处同上）

得到了嫌犯仇人的贿赂，而把别人入死罪；因为索取不能如意，而把别人入死罪。都是为了获得钱财而考虑。这和强盗劫财害命有什么不同？吏员每天跟在长官身边，审办治理盗贼。事实查明之后，何尝不是和众人同样感到愤怒，认为从法律角度没有宽恕之处。哪里知道自己每天的所作所为，就是攫取钱财害人性命的真正的盗贼。希望在公堂上当值办事陈述案件时，反省内心，和罪犯一同猛然醒悟。

又曰，刁才猾技之夫，老于公门，熟于讼事，胆气雄豪，肤肢壮健。争强于胥吏之驱，角胜于阶墀[1]之对。行贿赂，有偷天之手段。斗机变，有伏势之神通。使高者畏惮而心惶，卑者匍匐而涕陨。切骨之冤，成于白日。没身之憾，及于黄泉。广施祸种，固结仇根。岂不危哉。彼以讼辱人而求胜者，何不监此。

【同上】

摹写积蠹[2]情状，宛然如见。初入衙门人，不惟不以为监，而反从而效之，唯恐不似也。亦独何欤。

【注】

⑴阶墀〔chí〕：台阶。这里代指厅堂。

⑵积蠹：指多年的弊病。

【译】

又说：“具有刁钻才能狡猾手段的人，在衙门待得很久，对打官司的事非常熟悉，胆气雄豪，身体健壮。在吏员驱使时争为强者，在厅堂应对时较量胜负；行贿赂，有偷天换日的手段，斗计谋，有压倒权势的神通；

让尊贵的人畏惧而感到心慌，卑贱的人匍匐在地而流泪；刻骨的冤屈，大白天就造成了，终身的遗憾，直至地下黄泉；大量地撒下祸种，牢固地结下仇根。难道不危险吗？那些靠打官司侮辱别人而希求取胜的人，为什么不以此为鉴？　　（出处同上）

描写多年害民的差役的情形，真切得如同看见一样。刚进衙门的人，不仅不以此为鉴，反而跟着去效仿，唯恐不相像。也不知他们为什么这样呢？

张惠庵曰，府官新莅任时，必将前任事宜，更改一番。吏胥因得于中作弊。盖此辈只利有事，不利无事。上生一孔，下钻百窦。政之扰害者多矣。

【同上】

吏胥之乐于更改有事，名似急公，其实无非利于取钱耳。即果有利益民生之事，无如吏胥意在取钱。各各视为承行之出息，凡可以得钱者，无不千方百计以图之。岂复计及民之有益与否耶。故衙门极好之事，而行之只见扰害，不见利益，官固无能，吏胥更为可恨。噫，吏胥独无人心也耶。

【译】

张惠庵说：“官府的官员新到任时，一定要将前任的事宜更改一番。吏员因此可以从中作弊。因为这些人只有有事才对他们有利，无事对他们不利。上边产生一个窟窿，下边就有一百个漏洞可钻。政事受到的侵扰破坏就很多了。”　　（出处同上）

吏员乐于官员更改有事，名义上好像是热心公事，其实无非是有利于获取钱财罢了。即使果真是有利于民生的事，可惜吏员的意图在于获取钱财，个个把它看作承办事务的收益。凡是可以得到钱财的地方，无不千方百计去谋取。哪里还会考虑它对老百姓有没有利益呢？所以衙门极好的事，而施行以后只看到侵扰破坏，看不到利益。官员固然无能，吏员更为可恨。唉！吏员难道没有人心吗？

又曰，近时衙门人，砌[1]欵单[2]，送匿揭[3]，窝访买访。种种阴谋，害人不小。天报有在，必无漏网。而自恃佞佛[4]斋僧，谓可逃天谴。岂神物亦庇奸而党恶耶。愚亦甚矣。【同上】

凡百[5]阴谋陷害之事，为吏胥者，局外旁观，未尝不议论其非。无如一人官衙，其时地可以害人，其机智又能害人。或快恩仇，或图财帛。私心锢蔽，天理灭亡。唯恐其术之不工，而计之不毒矣。岂知害人者人亦害之，悖入者亦必悖出。官有王法，人有公论，岂能幸免。为此种吏胥计，与其佞佛斋僧，益增罪过，不如及早回头，改恶从善，以赎前愆。犹可挽回万一也。

【注】

⑴砌：拼凑捏造。

⑵欵单：分条列举犯罪事项的单子。欵，同“款”。

⑶揭：揭帖，古时监察部门长官揭发不法官吏的一种文书；也指旧时张贴的启事、文告(多指私人的)。

⑷佞佛：迷信佛教的意思。

⑸凡百：一切。

【译】

又说：“最近衙门里的人，拼凑捏造罪状，传送匿名揭帖，窝藏收买查访文书。种种阴谋，害人不小。上天报应是存在的，一定不会漏网。而自己仗着拜佛斋僧，以为可以逃脱上天的惩罚。难道神灵也会庇护奸人结党作恶吗？太愚蠢了！”（出处同上）

一切阴谋陷害的事，做吏员的人，从局外旁观，未尝不议论是非。可惜一旦进入衙门，那时间地点可以害人，那机巧可以害人。或者让别人的仇人快意，或者贪图钱财。人被私心禁锢蒙蔽，天理灭亡。唯恐自己的方法不巧妙，而计谋不歹毒。哪里知道害人的人，别人也害他，来路不正的收入，也会让别人用不正当的手段夺去。官府有王法，人们有公论。哪能幸免？为这种吏员考虑，与其拜佛斋僧，更增加罪过，不如及早回头，改恶从善，来抵消以前的罪过。还可以挽回很小的一部分。

又曰，衙役迎合本官，其貌似谨，其事似忠，其才似可用，而不知其处心积虑，止欲借上以行其私也。【同上】

以小忠小信，结本官之心。必以不公不法，坏本官之事。至于罪恶贯盈，奸赃败露，官受其累，吏亦岂能独免。所争者，时有迟速不同耳。

【译】

又说："衙役迎合自己的上司，他们的外表看似恭敬，他们的做事看似忠诚，他们的才能看似可用，但殊不知他们处心积虑，只是想借助上司干自己见不得人的事。"（出处同上）

用小忠小信，笼络上司的心。一定会用不公不法，坏上司的事。到了恶贯满盈，不法受贿的事败露，上司受到连累，吏员也哪能独自幸免？所相差的，只是时间上有快慢不同罢了。

又曰，自罪引他，有借端索诈者，有下水拖人、图报私雠者，又有赃罪难完，扳人帮助者。此等奸弊，问官全不审察，而贪利之狱吏，又或从中指导之。皆天诛所不赦也。【同上】

一狱之兴，本案拖累，已自不少。狱吏复指使妄扳，辗转蔓延，甚有因一人而害及数十百人，因一家而害及数十百家者。即遇明察之官，亟为开脱，业已筋疲力尽，身家难保矣。岂不可恨。

【译】

又说："自己有罪而牵扯他人，有假托事由敲诈的，有自己落水而拖拽别人，图谋报私仇的，有犯了贪污受贿罪难以退完赃款，牵连别人来帮助的。这样的欺诈舞弊行为，审问的官员完全不能明察，而贪图利益的狱吏，有的还从中给予指导。这些都是老天惩罚时不会赦免的。"

（出处同上）

一个案件发生，受案件本身拖累的人，已经不少。狱吏再指使乱加牵扯，甚至因为一个人而祸害到几十上百人，因为一家而祸害到几十上百家。即使遇到明察的官员，立即为他们解除罪名，当事人已经筋疲力尽，身家难保了。岂不可恨？

史搢臣[(1)]云。暗箭射人者，人不能防。借刀杀人者，己不费力。自谓巧矣，而造物[(2)]尤巧焉。我善暗箭，而造物还之以明箭，而更不能防。我善借刀，造物还之以自刀，而更不费力。然则巧于射人杀人者，实巧于自射自杀耳。

【愿体集】

暗地害人而人不及觉，借事害人而己不费力。此等险恶行径，惟衙门中人为多。一经破败，刑祸立至，不啻自投罗网。此正造物还以明箭，而予以自杀也。可畏哉。

【注】

(1)史搢〔jìn〕臣：名典，清代医家。

(2)造物：造物者，特指创造万物的神。

【译】

史搢臣说："用暗箭射人的，别人不能防备；借刀杀人的，自己毫不费力。自认为很巧妙，但是造物之神更巧妙。我善于暗箭，造物之神还之以明箭，更不能防备；我善于借刀，造物之神还之以自己的刀，更不费力。这样说来，那么巧于射人杀人的人，其实是巧于自射自杀啊！"

（出自《愿体集》）

暗地里害人而别人来不及觉察，借事害人而自己毫不费力。这样的险恶行径，只有衙门里的人做得最多。一旦败露，灾祸立刻到来，不止于自投罗网。这正是造物之神还以明箭，而让他们自杀。可怕啊！

又曰，凡人之为不善者，造物未必即以所为不善之事报之，而或别于一事报之。别一事，又未必大不善也，而得祸甚酷。此造物报应之机权也。

【同上】

衙门中人，常有贪残诈害，作恶多端，竟无所犯。及至偶犯轻微，较之平日所为，不过千百中一二，而业已家破身亡者。世人就此一事而论，或以为冤，而不知平昔恶贯满盈，特借是以发其端。此正造物报应之机权也。试看十数年中，耳闻目见，如此者岂少耶。

【译】

又说："凡是做了恶事的人，造物之神未必立即用所做的恶事报应他，或者在别的一件事上报应他。别的一件事，又未必是大恶事，但得到的灾祸非常惨痛。这是造物之神报应的机智。"（出处同上）

衙门里常常有这样的人，平时贪婪凶残、欺诈侵害，作恶多端，竟然没有犯事。等到偶尔犯了轻微的事，比起平日的所作所为，不过一千中的一二，但是已经家破人亡。世人就这一件事来说，或者认为他冤枉，而不知道往常恶贯满盈，只是借此开个头。这正是造物之神报应的机智。试看几十年当中，耳闻目睹，这样的事难道还少吗？

唐翼修曰，凶人贪冒[(1)]无耻，随处必欲占小利，而人亦畏之让之。独怪终身所占小利，必以一事尽丧之，而更过其所占之数。吉人守分循理，不敢妄为，而人亦欺之侮之，故凡事受歉。然冥冥之天，必将以大福之事补之，而浮[(2)]于其所受歉之数。或及其身，或及其子孙。历观往辙无不然者。

【人生必读书】

占人利益，而人畏之让之，莫如衙门中人。遇守分循理之人，而偏欲欺之侮之，亦莫如衙门中人。究竟欺人是祸，饶人是福，冥冥中自有分晓，远在儿孙近在身。尚其猛省。

【注】

⑴贪冒〔mào〕：贪图财利。

⑵浮：超过，多余。

【译】

唐翼修说："恶人贪图财利不知廉耻，处处一定想占小便宜，而别人也畏惧他、让着他。单单奇怪的是，终身所占的小便宜，一定会因为一件事而全部失去，而且还要远远超过所贪占的数量。善人恪守本分按理做事，不敢胡作非为，而别人也欺负他、侮辱他，所以不论什么事都要吃亏。但是冥冥的老天，一定将用大福的事弥补他，而且多于他所吃亏的数量。有的到他自己身上，有的到他子孙的身上。历观往日的经验教训，无不是这样。"（出自《人生必读书》）

贪占别人的利益，而且别人畏惧他、让着他，没有比得上衙门里的人；遇到恪守本分按理做事的人，而偏要想欺负他、侮辱他，也没有比得上衙门里的人。但毕竟欺人是祸，饶人是福。冥冥中自有分晓，远的在儿孙身上，近的在自己身上。还是应当猛省。

又曰，仅夺人之财而不杀其人，虽有报应，亦不极惨。至夺人财而并杀其人，未有不报之惨而极速者。入于吾目者，不止数十人。又如官吏遇人犯法，巧于取财。开释其罪，不顾枉法。其子孙之报，亦止败坏家财而已。若贪而又酷，以直为曲，以曲为直。不畏王法，不顾天理。夺财多，害人众。其祸未尝不大，其报应未尝不惨。或至杀身灭门者有之。凡此皆为财所使，而得恶报者也。【同上】

世人原有夺人财而不必杀人者，惟衙门中人，既欲得财，则必多方播弄，设计坑陷，虽置之死地，亦不顾惜，那复计及报应之惨且速耶。

【译】

又说："仅仅掠夺别人的钱财但不杀人，即使有报应，也不至于很惨重。至于掠夺别人的钱财而且杀人，没有不报应又惨重又迅速的。我亲自看到的，不止几十个人。又比如，官吏遇到别人犯法，巧于获取钱财，解除他们的罪行，不顾违背法律。他们子孙受到的报应，也仅止于败坏家庭财产而已。如果贪婪而残忍，以直为曲，以曲为直，不畏惧王法，不顾天理。掠夺钱财多，害人多。那灾祸没有不大的，那报应没有不惨的。有的到了杀身灭门，也是有的。所有这些都是因为被钱财所驱使，而得到恶报。"（出处同上）

世上本来有掠夺别人钱财但不必杀人的情形。只有衙门里的人，既然想得到钱财，就一定要多方挑拨，设计陷害，即使置人死地，也不顾惜。哪里还考虑报应的惨重和迅速呢？

又曰，狱官狱卒，其意以酷虐不加，则贿赂不入。每借一二穷者，酷加

刑具，恐吓他囚。彼岂无人性哉。利心积惯使然也。为府县官者，拣一个好狱吏，最为紧要。【同上】

每闻衙门中人，动曰打死狗与活狗看。又曰不见棺材不下泪。无非卖弄酷虐难堪之状，使人不得不贿赂，不敢不贿赂耳。此不独狱吏也，而狱吏更甚。

【译】

又说："狱官狱卒，他们心里认为不施加残忍和暴虐，就不能收到贿赂。往往借一两个贫穷的人，残忍地施加刑具，恐吓其他囚犯。他们难道没有人性吗？是贪求利益的心思积累久了让他们成为这样。做府县官员的人，挑选一个好的狱吏，最为紧要。"（出处同上）

往往听到衙门里的人动不动说"打死狗给活狗看"，又说"不见棺材不落泪"。无非是故意显示残忍暴虐难以承受的样子，让人不得不贿赂、不敢不贿赂罢了。这样的人不单单是狱吏，只不过狱吏更严重。

又曰，为善难而为恶易者，莫如胥役之辈，与往来官府之人。何也，彼日侍官府之侧，便于进言。有瑕隙[(1)]者，投戈下石[(2)]之。利端弊窦，逢迎开导之。甚易易也。非有守之人，鲜能自持者。夫方其投戈下石，逢迎开导之时，幸以为无人知也。人即知之，以为莫我如何也。于是肆志行之而莫之戒。及其罹于法网也，鞭笞刑戮，上以致父母之忧，而下以贻妻子之累，辱莫甚焉。即使王法可漏，而天必加谴，鬼必加责。能逃于身，而不能逃于子孙。正恐报迟一日，则更重一日也。何如存心宽恕，常循理法。不假公道以济私忿，不开利端以害万姓。其获福宁有量乎。【同上】

为奸猾描写心曲，为奸猾计虑后患，更为奸猾寻觅出路。与颜光衷所言同意，而此更显切着明也。

有人论及案牍秘要，友答以一字诀曰刻[(3)]。谓宁刻则自己有地步，可以免过也。此真一言而伤天地之和者也。夫不论理之是非，而惟以刻为能，势必事事从深处吹求。则事之难行，而人之不得所者岂少耶。即为自己地步，宽而得过，不失为君子，刻则天怒人怨，其得祸当更烈也。至于吏胥，身居里党，平日岂无私恩小怨。而事情一经其手，时势有可以为，遂尔昧却良心，罔顾公论，操戈下石，深文曲法，易于反掌。虽快心于一时，终贻祸于异日。编中论公私宽刻之利害，而谆谆于吏胥，正此意也。

【注】

(1)瑕隙：指可乘的间隙。

(2)投戈下石：扔兵器、丢石头，比喻陷害人。

(3)刻：苛刻。

【译】

又说：“做善事难而做恶事容易，没有比得上吏员一类的人，和在官府间往来的人。为什么呢？他们每天侍奉在官府官员身边，便于进言。有可乘之机，就在他们面前陷害别人；有得到好处的事由或作弊的漏洞，就在他们面前逢迎开导。都非常容易。不是有操守的人，很少有自己把持好的。在他们陷害别人、逢迎开导的时候，侥幸的认为没有人知晓。别人即使知晓了，认为没有人能把我怎么样。于是随心所欲地去做而不知悔改。等到他们落入法网，受到鞭打，遭到各种刑罚，上让父母忧愁，下带给妻子儿女牵累，耻辱没有比这更严重的。即使王法可以逃脱，而老天一定加以惩戒，鬼神一定加以责罚。即使自身能够逃脱，但子孙不能逃脱。只怕是迟报应一天，就更加重一天。哪如存有宽恕之心，总是遵循理法，不借助公家的手段而有利于报自己的私愤，不寻找给自己带来利益的事由而危害百姓。那获得的福分难道还有数量吗？”

（出处同上）

为奸诈狡猾的人描写内心，替奸诈狡猾的人考虑后患，更给奸诈狡猾的人寻找出路，和颜光衷所说的是同一个意思。而这段话更贴切明白。

有人谈到处理案件的秘诀，朋友用一字诀回答说“刻”。说宁可苛刻，那么自己就会有回旋余地，可以避免过错。这真是一句话而伤了天地间的和气。不论道理的对与错，而只是把苛刻当作本事，势必事事从深处吹毛求疵。那么事情就难办，而不能得到适当对待的人难道还能少吗？即使为了自己的办事余地，由于宽容而带来过错，不失为君子，苛刻就会天怒人怨，那带来的灾祸就会更加惨重。至于吏员，身处邻里中间，平时哪能没有小的个人恩怨。而事情一经他们的手，客观形势有可以作为的条件。于是昧着良心，不顾众人的议论，陷害别人，玩弄文字，歪曲法律，比反掌都容易。虽然快意一时，最终给日后留下祸害。书中陈述公私宽容苛刻的利害，而对吏员谆谆教诲，正是这个意图。

石天基[1]曰，愚民无知犯法，正如瞎人走入深坑，未有不得祸者。而彼不知，是以可悯。悯之如何，劝之而已。婉言开导，劝也。危词警戒，亦劝也。有势力者，以势力行其劝戒。有智巧者，以智巧行其扶持。全在不为利，不为私，秉公处之，积诚动之而已。桐城姚司寇曰，人能劝一庸人为善，世上便多一个好人。劝一恶人为善，则世上少了一个恶人，又多了一个好人。其功更倍。　　【人事通】

衙门中每日所见，多愚而犯法之人。苦肯作瞎人走坑看待，常存怜悯之心，常行劝戒之术，此中积德无量。一切倚势作奸，乘危肆害之事，自然不肯复为矣。至于劝化恶人，亦惟衙门中为最便。

【注】

(1)石天基：清代养生家。

【译】

石天基说："愚昧的百姓因无知犯法，就像瞎子走进深坑，没有不得祸的。但是他自己不明白，所以值得怜悯。怎么去怜悯呢？劝诫罢了。用委婉的话开导，是劝诫；用吓人的话警戒，也是劝诫。有势力的，用势力施行他的劝诫；有智慧技巧的，用智慧技巧施行他的帮助。完全在于不为利益，不为私心，秉公对待他，积聚诚心去感动他罢了。桐城姚司寇说：'一个人能劝诫一个普通人做善事，世上就多了一个好人；劝诫一个恶人做善事，那么世上就少了一个恶人，还多了一个好人。那功德更是加倍的。'"

（出自《人事通》）

衙门里每天看见的，大多是因为愚昧而犯法的人。如果愿意当作瞎子走进深坑看待，时常怀着怜悯之心，时常施行劝诫的办法，这中间积德无量。一切倚仗官府威势为非作歹，乘人之危随意害人的事，自然不愿意再做了。至于劝导感化恶人，也只有衙门里最为方便。

又曰，朝廷申[1]设律法，禁民为非，实所以保全之也。每见乡村小民，胆小识浅。官法所在，凛如雷霆。刑杖所及，赫如鼎镬[2]。惟身处公门，见闻习熟。反视律令为闲话，安刑罚为枕席。辱父母之遗体[3]，污祖宗之清名。岂非自作之孽乎。语云，惧法朝朝乐。即是此义。

【同上】

衙门中人，日日以法律绳人，刑杖苦人，而自己反不畏法律，不畏刑杖，固由利令智昏，亦由习见生玩[4]。身居其地，所宜猛省。

【注】

(1)申：表明，表达。

(2)鼎镬〔huò〕：古代两种烹饪器。

⑶遗体：自己的身体。古人说子女的身体为父母所生，因称子女的身体为父母的“遗体”。

⑷玩：轻慢，轻视。

【译】

又说：“朝廷申明设置法律，禁止百姓做坏事，其实是用来保全百姓的。往往看见乡村里的小百姓，胆量小，见识浅。官法所在之地，像雷霆一样威严；刑具所到之处，像鼎镬一样炽烈。只有身处衙门的人，看得听得习惯了。反过来看法令就像闲话一样，摆放刑具就像摆放枕头席子一样。侮辱了自身，玷污了祖宗的清名。难道不是自己作孽吗？俗语说：‘畏惧法律就会天天安乐。’就是这个意思。” （出处同上）

衙门里的人，天天拿法律制裁人，用刑具折磨人，但自己反而不畏惧法律，不畏惧刑具。这固然是因为利令智昏，也是由于看得习惯了，于是产生了轻慢的态度。身处那样的地方，应当猛省。

法录（上）

于定国，字曼倩，东海郯人。其父于公为县狱史，郡决曹。决狱平，罗文法者，于公所决，皆不恨。郡中为之立生祠[(1)]，号曰于公祠。东海有孝妇，少寡，无子，养姑[(2)]甚谨。姑欲嫁之，终不肯。姑恐久累少壮，自经[(3)]死。姑女告妇杀姑。吏验治，孝妇自诬服。具狱[(4)]上府，于公争之不能得。乃抱其狱具，哭于府上，因辞疾去。太守竟论杀孝妇。郡中枯旱三年。后太守至，卜筮其故。于公曰，孝妇不当死，前太守强断之，咎倘在是乎。于是太守杀牛祭孝妇冢，表[(5)]其墓。天立大雨，岁熟。定国少学法于父，亦为狱史郡决曹，补廷尉史。以材高累迁光禄大夫，超为廷尉。定国乃迎师学春秋，身执经，北面[(6)]备弟子礼。为人谦恭，尤重经术士。虽卑贱，定国皆与钧礼，恩敬甚备。其决疑平法，务在哀鳏寡，罪疑从轻，加审慎之心。朝廷称之曰，张释之为廷尉，天下无冤民。于定国为廷尉，民自以不冤。为廷尉十八岁，后为丞相，封西平侯。年七十余薨[(7)]，谥曰安侯。始定国父于公，其门闾坏，父老方共治之。于公谓曰，少高大门闾，令容驷马高盖车。我治狱多阴德，未尝有所冤，子孙必有兴者。至定国为丞相，子永为御史大夫，封侯传世云。【汉书】

父子相继为狱史，稍有以刻为能之心，其积恶流毒，岂有纪极[8]。今观于公父子，自为掾以及居官，平反矜疑，慈祥蔼吉之气，萃于一门。遂致封侯传世，若操左券[9]焉。孰谓刑狱非积德行善之地耶。

【注】

(1)生祠：旧时指为还活着的人修建祠堂。

(2)姑：旧时指丈夫的母亲。

(3)自经：上吊自杀。

(4)具狱：据以定罪的全部案卷。

(5)表：表彰。

(6)北面：面向北。古礼，臣拜君，卑幼拜尊长，皆面向北行礼。

(7)薨〔hōng〕：古代称诸侯或有爵位的大官死去。

(8)纪极：终极，限度。

(9)左券：古时契约分为左右两片，双方各执一片，合在一起为信。左券由债权人收执，用为索债的凭证。后常用来比喻有充分的把握。

【译】

于定国，字曼倩，东海郡郯县人。他的父亲于公做过县里断案的狱史、郡里主管断案的决曹。断案很公平，犯了法的人在于公判决之后，都不怨恨。郡中为他建了生祠，名叫于公祠。东海郡有一个孝顺的女人，年轻守寡，没有孩子，赡养婆婆非常恭敬。婆婆想让她改嫁，她始终不肯。婆婆怕天长日久拖累了年轻的媳妇，就上吊死了。婆婆的女儿告这个妇女杀了婆婆。官吏前来拷问，这个孝顺的女人自己无辜地招认了。定罪的全部案卷上报到郡府，于公据理力争但没有成功，于是抱着那些定罪的案卷，在郡府上大哭，并称病辞官离去。太守最终定罪杀了孝妇。郡里枯旱了三年。后来的太守到任以后，占卜干旱的原因。于公说：“孝妇不应该死，前任太守强行给她定了死罪，罪过或许就在这里吧？”于是太守杀牛到孝妇坟前祭祀，并在墓前立碑表彰她的美德。天立刻降下大雨，这一年年成丰熟。于定国年少时向父亲学习法律，也做过县里的狱史、郡里的决曹，后来补任廷尉史。因为才能高超多次升迁，做了光禄大夫，又破格提拔为廷尉。于定国就聘请老师学习《春秋》，亲自手捧经书，面向北向老师行弟子礼。于定国为人谦恭，尤其敬重精通经学的学士，即使地位卑贱，于定国也对他们以平等的礼节相待，恩惠礼敬十分周到。他决断疑案，公平执法，一心致力于哀怜鳏寡之人，疑罪从轻，再加审慎之心。朝廷称赞他说：“张释之做廷尉，天下没有被冤枉的百姓；于定国做廷尉，百姓自认为不冤。”做廷尉十八年，后来做了丞相，被封为平西侯。七十多岁时去世，谥号叫安侯。当初于定国的父亲于公，他家的大门坏了，父老乡亲们正商量着一起来修建。于公对他们说：“稍微加高扩大一下大门，让它能容得下驷马高盖车。我断案积了许多阴德，不曾有被冤枉的人，子孙后代一定会有兴旺发达的。”到了于定国做了丞相，于定国的儿子做了御史大夫，封侯传世。（出自《汉书》）

父子相继做狱史，稍微有把刻薄当作才能的想法，那积累下的恶行、流传下的毒害，哪有极限呢？如今反观于公父子，从做掾吏到居高官，仁慈、祥和、善良、美好的风气，荟萃在一个家门里。于是达到了封侯传世，如操左券一般。谁说审判断案不是积德行善的地方呢？

石奋，温人。年十五，为胥吏。高祖击项籍过河内，与奋语，爱其恭敬，以为中涓[1]。积功劳，官至大中大夫。恭谨无与为比，为太子太傅，列九卿。子四人，皆以驯行孝谨，官至二千石。景帝号奋为万石君。万石君以上大夫禄，归老于家。岁时过宫门阙，必下车趋。见路马[2]，必轼[3]焉。子孙为胥吏，来归谒。万石君必朝服见之，不名。子孙有过失，不谯让[4]。为便坐[5]，对案不食。诸子相责，因长老肉袒[6]谢罪。改之，乃许。子孙胜冠[7]者在侧，虽燕[8]必冠，申申[9]如也，僮仆欣欣如也。惟谨，上时赐食于家，必稽首俯伏而食，如在上前。其执丧，哀戚甚。子孙遵教，亦如之。万石君家，以孝谨闻于郡国，虽齐鲁诸儒质行，皆自以为不及也。子庆为丞相，封侯。诸子孙为胥吏，至二千石者十三人。【同上】

万石君为胥吏，别无他长，惟一生恭谨，并以此训诫后人，享一门福禄之盛。吏之天资谨愿[10]者，但能循循礼法，不敢倚势作奸，即是有用受福之器[11]。纵不能致位通显，而保守身家有余矣。

【注】

⑴中涓：古代君主亲近的侍从官。

⑵路马：古代指为君主驾车的马。

⑶轼：本意是设在车厢前面供人凭倚的横木，这里指凭轼致敬。

⑷谯让：责问，谴责。

⑸便坐：坐在别室、厢房，而不坐在正室的意思。

⑹肉袒：脱去上衣，裸露肢体。

⑺胜冠：古代男子成年可以加冠，用来指成年。

⑻燕：闲居的意思。

⑼申申：舒适安闲的样子。

⑽谨愿：谨慎、诚实。

⑾器：才能。

【译】

石奋，温县人。十五岁的时候，做了小吏。高祖攻打项籍，路过河内，和石奋说话，喜欢他恭敬的态度，让他做了中涓。积累功劳，官做到大中大夫。为人恭谨没有人能和他相比。最后做了太子太傅，位列九卿。石奋有四个儿子，都凭着善良的行为、孝顺恭谨的态度，官做到两千石。景帝给石奋一个称号叫“万石君”，以上大夫的俸禄，告老还家。每年按一定时间入宫经过宫门时，一定下车小步快走。看见为皇帝驾车的马，一定要扶着车轼向它们致敬。子孙做小吏，回家来拜见万石君，万石君一定要穿着朝服见他们，不直呼其名。子孙如果有过失，从不谴责，而是一同坐在厢房里，面对几案不进食。子孙们相互责备，通过长辈们说情，自己脱去上衣露出肢体谢罪，表示改正错误，他才答应。有成年的子孙在旁边，即使是闲居也一定要戴着帽子，一副舒适安闲的样子。仆人们也是一副喜乐的样子，只是把恭谨放在首位。皇帝经常把赏赐的食物送到他家里，他一定要行跪拜礼，屈身低头而食，就像在皇帝面前一样。他奉行丧礼时十分悲伤。子孙们遵从他的教诲，也像他一样。万石君全家，以孝顺恭谨闻名于各个郡国，即使是齐国、鲁国儒生们的品德操行，都自认为不及。儿子石庆后来做了丞相，封了侯。子孙们开始做小吏，后来做官至两千石的有十三个。

（**出处同上**）

万石君作小吏，没有其他的长处，只是一生恭谨，并以此训诫后人，从而尊享了全家丰厚的福禄。天资谨慎诚实的小吏，只要能遵循礼法，不敢仗着衙门的威势干坏事，就是具备了享受福分的素质和才能。即使不能达到地位显赫，但保护自身和家庭是绰绰有余的。

尹翁归，字子兄，河东平阳人。少孤，为狱胥吏，晓习文法。是时大将军霍光秉政，诸霍在平阳，奴客持刀兵入市斗，吏不能禁。及翁归为市吏，莫敢犯者。公廉，不受馈，百贾畏之。后去官归家。田延年为河东太守，行县[1]至平阳，召故吏五六十人，亲临见。令有文者东，有武者西。阅数十人，次到翁归，独伏不肯起。对曰：翁归文武兼备，惟所施设[2]。延年奇之，除补卒史。案事发奸，穷究事情，延年自以不能及，举廉。历守郡中，所居治理。拜东海太守，治明察，吏民贤不肖，及奸邪罪名，尽知之。收取黠吏豪民，案致其罪，以一警百。吏民皆服，改行自新。以高第[3]入守右扶风，选用廉平吏，罚在必行。缓于小弱，急于豪疆。扶风大治。盗贼课[4]常为三辅[5]最。在公卿间，洁清自守，语不及私，温良谦退，不以行能骄人。病卒，家无余财。天子贤之，赐其子黄金百斤，以奉祭祠。三子皆为郡守。少子岑，历位九卿，至后将军。【同上】

惟能公廉不受馈，故以市吏之微，而不畏大将军赫赫之势也。及身为公卿，而洁清如故。家无余财，终始一节。岂非其砥砺者有素哉。

【注】

(1)行县：巡行所管各县。

(2)施设：安排，处置。

(3)高第：指官吏的考绩优等。

(4)课：考核。

(5)三辅：西汉治理京畿地区三个长官的合称。景帝时分置左、右内史及都尉，合称“三辅”。武帝时改都尉为右扶风，治渭城以西；改右内史为京兆尹，治长安以东；改左内史为左冯翊，治长陵以北。

【译】

尹翁归，字子兄，河东平阳人。年幼时就成了孤儿。曾做监狱的小吏，精通法律。这时大将军霍光执政，许多霍氏家族的人都在平阳，家奴们拿着武器冲入集市斗殴，管理集市的小吏不能禁止。等到尹翁归做了管理集市的小吏，没有人再敢来闹事。尹翁归非常廉洁，不接受别人的馈赠，各种行业的商人都很害怕他。后来辞官归家。田延年做河东太守，巡行所管各县到了平阳，召集五六十个过去的吏员，亲自接见。让有文才的人站在东边，有武才的人站在西边，观察了几十个人以后，轮到尹翁归，他单单伏在地上不肯起来。回答说：“尹翁归我文武兼备，只听从您的安排。”田延年认为他有奇才，就补任他为卒史。尹翁归调查事实、揭发坏人坏事，都能够一查到底，弄清原委，田延年自认为不能及。推举尹翁归为廉洁之士。多年在郡里任督邮的职务，所管辖的地区治理得很好。后来被任命为东海太守，治理明察秋毫，从吏员到百姓有才能没有才能，以及奸邪之人的罪名，全都知晓。捉拿狡诈的吏员和不守法度的富豪，经过审查确定罪名，以一儆百，吏员和富豪都很服气，都能改过自新。以优等的考核成绩入京担任右扶风，上任后选用廉洁公平的吏员，那些背弃辜负尹翁归的人，也一定受到惩处。对势力弱小的百姓比较宽松，对豪强则很严厉。扶风的局势非常安定，对抓捕盗贼的考核在三辅中常常名列第一。身处公卿当中，廉洁自律，言谈不涉及私事，温良谦让，不因为有才能而傲视他人。病逝以后家里没有多余的财产。天子认为他很贤能，赏赐他的儿子黄金一百斤，以供祭祀使用。三个儿子都做了郡守，小儿子尹岑，官职达到九卿，做到后将军。（出处同上）

只有能公平廉洁不受馈赠，所以才凭着管理集市小吏的低微身份，而不畏惧大将军的赫赫威势。等到身为公卿，而清廉如故。家里没有多余的财产，始终保持一贯的节操，难道不是经过磨炼的人具有很好的素养吗？

黄霸，字次公，淮阳阳夏人。少学律令，喜为吏。武帝末，察廉，为河南太守丞。为人明察内敏，又习文法，然温良有让，知善御众。为丞处议(1)当于法，合人心。太守甚任之。宣帝闻霸持法平，召以为廷尉正，后擢为颍川太守。时上垂意于治，数下恩泽诏书。霸为选择良吏，分部宣布，令民咸知上意。务耕桑，节用殖财，种树畜养，去食谷马。米盐靡密，初若烦碎，然霸精力能推行之。力行教化而后诛罚，务在成就安全。治道去其太甚，外宽内明，得吏民心。盗贼日少，户口岁增，治为天下第一。天子下诏称扬，赐爵关内侯，后为丞相，封建成侯。薨，谥曰定侯。【同上】

吏胥生长里巷，执事官衙，于民间之情伪[2]，官司之举措，孰为相宜，孰为不宜，无不周知。他日见诸施为，当更有条而有理。如黄公之治颍川，初若烦碎，而能推行无碍，其平素之讲求于民生利弊者至矣。

【注】

(1)处议：决断，决策。

(2)情伪：虚实，真假。

【译】

黄霸，字次公，淮阳阳夏人。年轻时学习法律，喜欢做吏员。武帝末年，被举荐为廉洁之士，做了河南太守丞。为人善于观察，思维敏捷，又精通法律，但是又温良谦让，善于统领众人。作为太守丞，他的决断切合法律，合乎人心。太守非常信任他。宣帝听说黄霸执法公平，将他召入朝廷任命为廷尉正，后来提拔为颍川太守。当时皇上特别注重天下的治理，多次颁布对百姓施以恩惠的诏书。黄霸为此选择贤良吏员，分到各处去宣布皇上的诏令，让民众都能知道皇上的旨意。致力于种田养蚕，减少费用，增值财货，种植树木，饲养牲畜，不用粮食喂马。像米粒盐粒一样细密的事情，最初显得繁杂琐碎，但黄霸却全力以赴地加以推行。首先大力进行教化，如有违反，然后再进行责罚惩治，目的在于成就吏员的安全。治理措施去除其中太过分的，对外宽松对内明察，深得吏员和百姓的人心。盗贼日渐减少，户籍人口每年增加。对颍川的治理天下第一，天子下

诏称颂赞扬，赐给黄霸关内侯的爵位。后来做了丞相，封建成侯。去世以后，谥号为定侯。（出处同上）

吏员生长在里巷，做事在衙门。对民间的虚实真假，官府的举措，哪些合适，哪些不合适，无不周知。他日把这些体现到自己的作为中时，应当更加有条有理。比如黄霸治理颍川，最初好像繁杂琐碎，但是能推行而没有阻碍，那是因为他平时对民生的利弊就重视到极点啊。

文翁，庐江舒人。少为郡县吏，好学，通春秋。察举，为蜀郡守。仁爱，好教化，见蜀地僻陋，有蛮夷风，文翁欲诱进之。乃选郡县胥吏，开敏有材者十余人，亲自饬厉，遣诣京师，受业博士，或学律令。成就归，文翁以为右职[1]，用次察举，有至郡守、刺史者。又修举学官[2]，招下县[3]子弟，以为学官弟子。为除更[4]繇，高者补郡县吏，次为孝弟、力田[5]。吏民荣之，由是大化。文翁终于蜀，吏民为立祠堂，岁时祭祀不绝。至今巴蜀好文雅，文翁之化也。【同上】

汉初，天下未有学校，文翁首先创举，专以人材为务，故为千古循良[6]之冠。边方胥吏，学成宦显，为风气所自开，洵[7]乎无人而不可造就也。

【注】

⑴右职：重要的职位。

⑵学官：指学校。

⑶下县：指一郡之中非郡守行政机构所在地的属县。

⑷更：指更赋。汉代以纳钱代更役的赋税。男子年二十三至五十六，按规定轮番戍边服兵役，称为更。不能行者，得出钱入官，雇役以代。

⑸孝弟、力田：都为汉代的乡官名。

⑹循良：指奉公守法的官吏。

(7)洵〔xún〕：确实，的确。

【译】

文翁，庐江舒县人。年轻时做过郡县里的吏员，喜好学习，精通《春秋》。被举荐为廉洁之士，做了蜀郡守。文翁为人有仁爱之心，喜欢通过教化来治理地方。看到蜀郡偏远落后，有许多少数民族落后的风俗，文翁就想通过诱导加以改进。于是从郡县小吏中挑选了十几个开通聪敏有才能的人，亲自对他们告诫勉励，派到京城，跟随博士学习，或学习法律。学成归来后，文翁都把他们放到了重要的位置，依次选拔任用，有的官做到了郡守、刺史。又修建学校，招收属县少年子弟，作为学校里的学生。给他们免除更赋徭役，学习成绩好的补充为郡县里的吏员，成绩差一点的担任孝弟、力田等乡官。官吏百姓以子弟能入官学为荣耀，蜀郡的风气大为改变。文翁寿终于蜀郡，官吏和百姓为他修建了祠堂，每年按时祭祀，从未断绝。到今天巴蜀之地崇尚文雅，是文翁教化的结果。（出处同上）

汉朝初年，天下没有学校，文翁首先创办，专门致力于人才的培养。所以文翁成为千古以来奉公守法官吏之首。偏远地区的小吏，学成以后在显要位置上做官，好的风气从此开启，的确是没有他就不可能取得这样的成就。

朱邑，字仲卿，庐江舒人。为桐乡啬夫[(1)]，廉平不苛，以爱人利物为行，未尝笞辱人。存问耆老孤寡，遇之有恩。所部民爱敬焉。迁补太守卒史，举贤良，为北海太守，治行[(2)]第一，入为大司农。为人惇厚，笃于故旧。然性公正，不可交以私。朝廷敬焉。身为列卿，居处俭节。禄赐以共九族乡党，家无余财。神爵元年卒，天子赐邑子黄金百斤，奉祭祀。初邑病且死，属其子曰，我故为桐乡吏，其民爱我，必葬我桐乡。后世子孙奉尝[(3)]我，不如桐乡民。及

死，其子葬之桐乡西郭外，民果共为邑起冢立祠，岁时祭祀不绝。 【同上】

啬夫之于一乡，其视之不啻一家，故爱泽深长，始终恋恋不置，而一乡之民，亦思念之如祖父也。吏胥以本地人，管本地事，所与交关者，非其亲友，即系乡党。果能存心惠济，与人方便，不贪财而忘义，不恃势以作奸，谁不感服。即或好恶之口不齐，而公道在人，断不至畏如狼虎，人人欲得而甘心(4)也。

【注】

(1)啬夫：乡官名，掌管一个乡的赋税徭役。

(2)治行：政绩。

(3)奉尝：祭祀。

(4)甘心：快意。

【译】

朱邑，字仲卿，庐江舒县人。担任桐乡的啬夫，廉洁公平，不苛刻，行为以爱民利民为准则，不曾鞭打侮辱过人。经常慰问年老孤寡的人，对他们多有恩惠。所管辖地区的百姓都很喜爱敬重他。后来他升任太守卒史，又因被推举为贤良而调任北海郡的太守。因政绩考核名列第一，入京做了大司农。朱邑为人惇厚，对过去交往的人有深厚的感情，但又秉性正派，不能用私心和他交往，朝廷对他十分敬重。虽然身居九卿之列，但日常生活十分节俭。所得俸禄和赏赐都拿来与家族和乡亲们共同享用，自家没有多余的钱财。神爵元年去世，皇上赐给朱邑的儿子黄金一百斤，供祭祀之用。当初朱邑生病快要死的时候，嘱咐他的儿子说：“我从前是桐乡的吏员，那里的百姓爱戴我，一定要把我埋在桐乡。后世子孙祭祀我，不如桐乡的百姓。”待到他死后，他的儿子把他埋葬在了桐乡的西城外。老百姓果然一起给朱邑起坟墓立祠堂，每年按时祭祀，从未断绝。

（出处同上）

啬夫对于一个乡来说，他看待它无异于一个家庭，所以那种爱意特别深长，始终恋恋不舍。而全乡的百姓，也像思念祖父一样思念他。吏员以本地人，管本地事，和他交往的人，不是他的亲友，就是老乡。如果确实能存心给他们恩惠和帮助，与人方便，不贪财忘义，不依仗衙门威势干坏事，谁不感激而心悦诚服？即使由于每个人的好恶不同对他的评价不一，但公道在人，绝对不至于对他像虎狼一样畏惧，人人都想把它抓住才感到快意。

何武，字君公，蜀郡郫县人。兄弟五人，皆为郡吏，郡县敬惮之。武弟显，家有市籍(1)，租常不入，县数负其课。市啬夫求商捕辱显家。显怒，欲以吏事中商。武曰，以吾家租赋繇役不为众先，奉公吏不亦宜乎。武卒白太守，召商为卒史。州里闻之，皆服焉。举贤良方正，拜为谏大夫，迁扬州刺史。所举奏二千石长吏，必先露章(2)。服罪者，免之而已。不服，极法奏之，抵罪，或至死。九江太守戴圣，行治多不法。前刺史以其大儒，优容之。武使从事廉(3)得其罪。圣惧，自免。后为博士，毁武于朝。武闻之，终不扬其恶。而圣子宾客为群盗，系庐江，圣自以子必死。武平心决之，卒得不死。圣惭服。武行部(4)，必先即学宫，见诸生，试其诵论，问以得失。然后入传舍(5)，出记(6)，问垦田顷亩，五谷美恶。已乃见二千石，以为常。后为大司空，封汜乡侯，食邑千户。武为人仁厚，好进士，奖人之善，然疾朋党。问文吏，必于儒者。问儒者，必于文吏。以相参检。欲除(7)吏，先为科例，以防请托。其所居亦无赫赫名，去后常见思。　　【同上】

兄弟五人为吏，倚恃声势，以负租而有余，怒啬夫之督催，欲以事中伤之。奸蠹行径，往往如此。武独能平心引咎，反怨为德，其器量固已不同。异日之平恕含容，奖进善类，为名公卿，始基于此。藉非武也，何氏一门五吏，积恶可以灭身，尚望其叠膺[8]显秩[9]哉。

【注】

⑴市籍：商人的户籍。

⑵露章：公开奏章纠举内容，让被弹劾的人知道而服罪。

⑶廉：察考，访查。

⑷行部：巡行所属部域考核政绩的意思。

⑸传舍：古时供行人休息住宿的处所。

⑹记：指文书、记事簿等。

⑺除：任命。

⑻膺：担当，接受。

⑼显秩：显赫的官位。

【译】

何武，字君公，蜀郡郫县人。兄弟五人，都是郡里的吏员，郡县里的人都敬畏他们。何武的弟弟何显，家里有商人户籍，但常常不交租税，县里因此多次完不成上边下达的课税任务。管理集市的啬夫求商逮捕侮辱了何显的家人。何显大怒，想借吏员职事中伤求商。何武说："因为我们家交租赋服徭役不在众人之前，奉行公事的小吏这样做不是很合适吗？"何武最终把这个事禀报了太守，太守征召求商做了卒史。州里的人听说以后，都对何武表示敬佩。后来何武被推举为贤良方正，被任命为谏大夫，又升任为扬州刺史。他所上奏章检举的俸禄在两千石以上地位较高的官员，在上奏前一定公开奏章检举的内容。服罪的，罢免官职了事。不服罪的，以最重的刑罚上报他们的罪状，抵偿他们应负的罪责，有的甚至获死罪。九江太守戴圣，行为治绩大多不合法令，前刺史因为他是大儒，宽容了他。何武派从事查访到他的罪行，戴圣害怕，自己辞了官。后来戴圣做了博士，在朝廷上诽谤何武。何武听说了这件事，自始至终不宣扬他的恶行。可后来，戴圣的儿子的宾客聚为群盗，被官府拘囚在庐江。戴圣自以为儿子一定会死。何武用心公平地裁决这件事，他的儿子最后得以不判死罪。戴圣羞愧心服。何武巡行所属部域考核政绩，一定要先到学官接见诸生，考查他们的诵读和论辩，询问他们政事的得失，然后进入传舍，让拿出记录，询问耕种田地的数量，五谷的好坏，完了之后才会见郡守等长官，把这作为惯例。何武后来做了大司空，封汜乡侯，食邑一千户。何武为人仁爱忠厚，喜欢举荐士人，劝勉称颂别人的善行。然而他憎恶拉帮结派，一定向儒者询问考察文官，一定向文官询问考察儒者，用来相互参考检验。要任命官吏，先制定科目条例，以防私相嘱托。他做官也没什么显赫的名声，离任后常被人怀念。（出处同上）

兄弟五人做吏员，倚仗声势，凭着拖欠许多租税，却对啬夫的督促催缴发怒，还想借一些事中伤啬夫。奸蠹们的行径，往往就是这样。何武单单能心平气和自己承认错误，反怨为德，那器度本来已经与众不同。后来持平宽仁、容忍宽恕，劝勉推荐有善行的人，成为著名的公卿，就是基于此。假如不是何武，何氏一家五个吏员，积累的恶行可以灭了自身，还能希望他们一个接一个地担任显赫的官职吗？

虞延，字子大，陈留东昏人。少为户牖亭长。时王莽贵人魏氏宾客放纵。延率吏卒，突入其家，捕之。以此见怨，故位不升。王莽末，天下大乱。延常婴(1)甲胄，拥卫亲族，捍御钞盗(2)，赖其全者甚众。太守富宗闻延名，召署(3)功曹。宗性奢靡，车服器物，多不中节。延谏曰，昔晏婴辅齐，鹿裘不完。季文子相鲁，妾不衣帛。以约失之者鲜矣。宗不悦，延即辞退。有顷，宗果以侈纵被诛。临刑，擥涕[4]而叹曰，恨不用功曹虞延之谏。为洛阳令，外戚敛手，莫敢犯法。迁南阳太守，后征为太尉，迁司徒。历位二府，十余年。

【后汉书】

以新莽滔天之势，而一亭长敢撄[5]其锋，虽贲育[6]之勇，不是过矣。至其拥卫亲，必尽其力，规谏太守，务尽其心，又何其忠且仁也。其为令而使强戚奉法，则亦无忘亭长功曹时之素志耳。延诚下吏中人杰也哉。

【注】

(1)婴：穿戴披挂的意思。

(2)钞盗：抢劫偷盗。

(3)署：代理。

(4)擥〔lǎn〕涕：挥泪，洒泪。

(5)撄〔yīng〕：触犯。

(6)贲〔bēn〕育：战国时勇士孟贲和夏育的并称。

【译】

虞延，字子大，陈留郡东昏县人。年轻时任户牖亭长。当时王莽贵人魏氏家里的宾客为所欲为，虞延率领吏卒，冲进其家里抓捕了他。因为这件事虞延遭到怨恨，所以职位不能升迁。王莽末年，天下大乱。虞延常常披甲戴胄，护卫同宗族的人，抵御强盗的抢劫和偷盗，依靠他保全身家性命的人很多。太守富宗听说他的名气，召他代为功曹。富宗生性奢靡，车驾礼服以及所用器物，大多不符合法度。虞延进谏说："从前晏婴辅佐齐王，穿着不完整的鹿裘；季文子做鲁国的丞相，他的妾不穿丝绸做的衣服。因为节俭所以有过失的地方很少。"富宗听了很不高兴。虞延当即辞退。过了不长时间，富宗果然因为奢侈放纵被杀。临刑的时候挥泪叹息说："恨只恨不能采纳功曹虞延的劝谏。"做洛阳县令的时候，外戚们都收手不敢妄为，没有人敢触犯法律。之后升任南阳太守，后来被朝廷征召为太尉，又升任司徒。在太尉、司徒二府任职十多年。

（出自《后汉书》）

以王莽滔天的威势，而一个亭长敢于触犯他的锋芒，即使孟贲和夏育这样的勇士，也不过如此。至于他护卫同宗族的人，一定尽其全力；规谏太守务必尽心。又是多么忠诚和仁义啊！他做县令而让强势的外戚遵守法度，则也是没有忘记做亭长和功曹时素来的志向罢了。虞延的确是下等小吏中的杰出人物啊！

第五伦，字伯鱼，京兆长陵人。少介然义行，久宦不达。建武初，为京兆市掾。每见诏书曰，此圣主也，吾行且遇时。众皆笑之。补淮阳国医工长[1]，从王朝京师，得见帝。问政事，称旨[2]。拜会稽太守，禁淫祀[3]屠牛，身自斩刍[4]饲马，妻躬执爨[5]。每受俸，裁留一月粮，余悉贱贸与民之贫困者。后守蜀郡，吏有鲜车[6]怒马[7]者，皆罢遣。更选孤贫志行之人任之。蜀政清平。所任吏，多至九卿。事肃宗为司空，在位以贞白称。虽天性峭直，然疾俗吏苛刻，论议常依宽厚。奉公尽节，寿八十余。子颉、曾孙种，皆居官。世称廉直焉。

【同上】

市掾，主市肆之贸易者也。方贩夫贾竖[8]之为伍，而慨然有用世之志，其自负固已不凡矣，观其见诏书而自喜，早有不容已于斯世斯民之念。至其天性峭直，而又疾俗吏苛刻，议论常依宽厚，则深得为政之大体者也。

【注】

⑴医工长：主管朝廷医药的官名。

⑵称旨：符合上意。

⑶淫祀：不当祭的祭祀。

⑷刍：喂牲畜的草。

⑸执爨〔cuàn〕：下厨做饭的意思。

⑹鲜车：装饰华丽的车。

⑺怒马：体格健壮的马。

⑻贾竖：旧时对商人的贱称。

【译】

第五伦，字伯鱼，京兆长陵人。年轻时耿介高洁，有忠义的行迹，学习官吏事务好长时间不得志。建武初年，做京兆地区管理市场的小官。每看到皇帝的诏书就说："这就是圣主啊！我将要遇到好的时机。"众人都嘲笑他。不久补任淮扬国医工长，跟随淮阳王到京师朝见，得以见到皇帝。皇帝询问政事，第五伦回答的符合上意，于是授予他会稽郡太守的职位。上任后禁止杀牛滥祭，自己亲自铡草喂马，妻子亲自下厨做饭。每当领到俸禄，只留下够一个月吃的粮食，其余的都低价卖给贫困的百姓。后来任蜀郡太守，吏员里有鲜车怒马的，一概遣散不用，另选孤苦贫寒、有志向节操的人担任这些职务。蜀郡政治清平，他所任用的吏员，大多官至九卿。后来侍奉肃宗担任司空，在位期间以守正清白著称。第五伦虽然天性严峻刚正，但憎恶俗吏的苛刻，发表议论常常倾向于宽厚。奉公尽节，活了八十多岁。儿子第五颉、曾孙第五种，都居官。世人都称赞他们的廉洁正直。

（出处同上）

市掾，是主管市场贸易的小官，只是和贩夫商贾为伍，但是慨然有为世所用的志向。他的自负本来已经超俗不凡了，再看他见到诏书而自喜，早有了不将自己容于这个时代这些民众的想法。至于他性格严峻刚正，但又憎恶俗吏的苛刻，发表议论常常倾向于宽厚，就更说明懂得了为政的要领。

廉范，字叔度，京兆杜陵人。为郡功曹，太守邓融为州所案。范知事谴难解，欲以权相济，乃托病求去。东至洛阳，变姓名，代廷尉狱卒。居无几，融果征下狱。范遂得卫侍左右，尽心勤劳。融怪其貌类范，而殊不意。乃谓曰，卿何似我故功曹也。范诃之曰，君困戹[(1)]瞀乱[(2)]耶。语遂绝。融系出困病，范随而养视。及死，竟不言。身自将车，送丧至南阳。葬毕，乃去。后辟公府，会薛汉坐楚王事诛。故人门生莫敢视，范独往收敛之。显宗大怒，召范诘责。范叩头曰，臣愚戆[(3)]不胜师资之情，罪当万坐。帝贳[(4)]之，由是显名，举茂才。数月，再迁为云中太守。会匈奴大入塞，范令军士各交缚两炬，爇[(5)]火营中。虏遥望火多，谓汉兵救至，大惊。范令军中蓐食[(6)]，晨往赴之，斩首数百级。虏由此不敢向云中。后频历郡守，随俗化导，各得治宜。迁蜀郡太守，其俗尚文辩，好相持短长。范每厉以淳厚，不受偷薄之说。成都邑宇逼侧[(7)]，旧制禁民夜作，以防火灾。范毁削先令，但严使储水而已。百姓为便，乃歌之曰，廉叔度，来何暮。不禁火，民安作。平生无襦[(8)]今五袴[(9)]。【同上】

汉世最重名节，属吏之于府主，分若君臣，情同师友。多有患难周旋，蹈死勿顾者。后世相承以貌，相御以术。苟一日去其官，则群吏视之若路人矣。如叔度诸人之风，真堪砥砺薄俗也。

【注】

(1)困戹〔è〕：同“困厄”，困苦危难。

(2)瞀〔mào〕乱：昏乱；精神错乱。

(3)愚戆〔zhuàng〕：愚笨戆直。

(4)贳〔shì〕：宽纵，赦免。

(5)爇〔ruò〕：烧。

(6)蓐〔rù〕食：早晨未起身，在床席上进餐。早餐时间很早的意思。

(7)逼侧：迫近；拥挤。

(8)襦〔rú〕：短衣，短袄。

(9)袴〔kù〕：同“裤”。

【译】

廉范，字叔度，京兆杜陵人。做郡里的功曹时，太守邓融被州里调查。廉范知道事情的罪过是难以解脱的，就想用计谋帮助他，就托病离开了郡府。向东到了洛阳，改变姓名，代替别人做了廷尉的狱卒。过了不长时间，邓融果然被追究下狱。廉范于是能够护卫侍奉在身边，尽心尽力，非常勤劳。邓融奇怪他的相貌非常像廉范，但没有特别在意。就对他说：“你为什么长得像我过去的一个功曹？”廉范大声呵斥他说：“你是遭受困厄精神错乱了。”就不再和他搭话。邓融从监狱里出来后生病了，廉范一直跟随养护照看。到邓融死，最终也没有说出实情。廉范亲自驾车，送丧到南阳。安葬完了后，就离开了。后来廉范被征召到公府，恰逢薛汉因为楚王的案子被处死，他的故人、门生都不敢去探视，廉范一个人前去替薛汉收殓尸体。汉显宗大怒，召廉范入宫质问斥责，廉范叩头说：“我愚蠢粗鲁，忍不住师生的情谊，罪该万死。”皇帝赦免了他。因为这件事廉范出了名。后来被推举为茂才，过了几个月，又升任为云中太守。正赶上匈奴大举入侵边塞，廉范让士兵们每人捆绑两把火炬，在军营里点燃。敌人远远望去火把很多，以为是汉军的救兵到了，大为惊恐。廉范下令军中早早地吃了早饭，清晨就奔赴战场，砍下了数百个敌人的首级。从此匈奴再不敢侵犯云中。后来廉范连续历任多地郡守职务，根据不同地方的风俗，开导教化，每个地方都得到恰当的治理。调任蜀郡太守后，那个地方的风俗是崇尚能文善辩，喜欢相互抓住对方的短处。廉范常常训导他们要淳厚朴实，不接受轻薄的取悦。成都城里的房屋之间距离近，非常拥挤。旧时的制度严禁百姓夜间劳作，以防火灾。廉范废除旧制，只是严格地要

求百姓储存水罂了。百姓感到很方便，于是编成歌说：“廉叔度，来何暮。不禁火，民安作。平生无襦今五袴。” （出处同上）

汉代最看重名节。属吏对于长官来说，名分上就像君臣，感情上如同师生和朋友。有许多在长官患难时给予周济照顾，赴死不顾的属吏。后代属吏只是在表面上奉承长官，长官用权术控制属吏。如果有一天长官去掉了官职，众属吏就把他像路人一样看待。像廉范等人的风范，真是足以砥砺轻薄的风俗。

雷义，字仲公，豫章鄱阳人。初为郡功曹，擢用善人，不伐其功。尝济人死罪，辠[1]者后以金二斤谢之，义不受。金主伺义不在，默投金于承尘[2]上。后葺理屋宇，乃得金。金主已死，无得复还。义乃以付县曹。后举孝廉，拜尚书侍郎。有同时郎坐事，当居刑作。义默自表取其辠，以此论司寇[3]。同台郎觉之，委位自上，乞赎义罪。顺帝诏皆除刑。义归，举茂才，让于同学友陈重，刺史不听。义遂佯狂，被发走，不应命。乡里为之语曰，胶漆自谓坚，不如雷与陈。三府同时俱辟二人。 【同上】

济人死罪，本无望报之心。罪者酬之以金，至默投于屋间而去，意亦诚矣。及得金之日，而其人已死。不得已而受，于义无伤也。竟付之县曹。若斯人者，方是一介不取，诚心为善。不但吏胥中罕有其俦[4]，即士大夫亦不多观耳。

【注】

(1)辠〔zuì〕：同“罪”。

(2)承尘：指天花板。

(3)司寇：汉代刑罚名。罚往边地戍守防敌。

(4)俦〔chóu〕：同类。

【译】

雷义，字仲公，豫章郡鄱阳人。当初做郡里功曹的时候，推举有道德的人，但不夸耀自己的功劳。曾经帮助获死的罪人，获罪的人后来拿两斤黄金酬谢他，雷义不接受。金子的主人探察到雷义不在家，私下把金子扔在了天花板上面。后来修理房子，才发现了金子。可是金子的主人已经死了，没有办法归还。雷义就把金子交给了县衙。后来被推举为孝廉，授予尚书侍郎的官职。有一个和他同时担任郎官的人因事获罪，应当受到刑罚。雷义暗中自己向皇帝上奏章承担他的罪责，因为这个被判罚往边地戍守防敌。同在尚书台的郎官发觉之后，放弃官位自己向皇帝上书，乞求替雷义赎罪。汉顺帝下诏两个人都免除刑罚。雷义从边地回来以后，被推举为茂才，雷义想让给同师受业的朋友陈重，刺史不允许。雷义就假装疯了，披头散发逃走，不接受任命。乡里的人给他编了一句顺口溜说："胶漆自谓坚，不如雷与陈。"三府同时征召他们两人。（出处同上）

帮助获死罪的人，本来没有希望报答的想法。获罪的人拿金子酬谢，以致私下仍在屋子里离去，心意也是真诚的。等到发现金子的时候，可那个人已经死了。不得已而接受，对道义也没有什么伤害。最终还是交给了县衙。像这样的人，才是一丁点都不索取，真心做善事。不但吏员中很少有和他同类的人，就是士大夫中也不多见啊！

郑均，字仲虞，东平任城人。少好黄老书。兄为县吏，颇受礼遗。均数谏止，不听。即脱身为佣，岁余得钱帛，归以与兄曰，物尽可复得，为吏坐赃，终身捐弃[1]。兄感其言，遂为廉洁。【同上】

唯恐兄之以赃败，而身为佣作，以给其求。卒能感悟兄心，改行自好。此千古悌[2]弟也。为吏坐赃，终身捐弃。此言至为痛切。今之胥吏无不嗜利者，当以此二语时悬心目间。

【注】

(1)捐弃：抛弃。

(2)悌：敬爱兄长。

【译】

郑均，字仲虞，东平任城人。年轻时喜欢读黄老的书。哥哥做县里的吏员，接受别人馈赠的礼物甚多。郑均多次劝阻，但哥哥不听。于是郑均就离开家为别人打工，年终挣得一些钱，回来后交给哥哥，说："东西用完了还可以得到，做吏员贪赃犯罪，就会抛弃终身。"哥哥被他的话打动，于是所作所为很是廉洁。（出处同上）

唯恐哥哥因贪赃枉法而败落，亲自为别人打工，来供给哥哥的需求。最终能感化哥哥的心，改变行为，洁身自好。这是自古以来最敬爱兄长的弟弟。吏员贪赃犯罪，抛弃终身，这话最为恳切。当今的吏员没有不贪图私利的，应当把这两句话时时刻刻记挂在心间。

彭修，字子阳，会稽毘陵人。仕郡为功曹。始年十五时，父为郡吏，得休，与修俱归。道为盗所劫，修困迫，乃拔佩刀前持盗帅曰，父辱子死，卿不顾死耶。盗相谓曰，此童子，义士也，不宜逼之。遂辞谢而去。乡党称其名。太守以微过收狱吏，将杀之。主簿钟离意争谏甚切。太守怒，掾史莫敢谏。修排阁[1]直入，拜于庭曰，明府[2]发雷霆于主簿，请闻其过。太守曰，受教三日，初不奉行。废命不忠，岂非过耶。修因拜曰，昔任座[3]面折文侯，朱云[4]攀毁栏槛。自非贤君，焉得忠臣。今庆明府为贤君，主簿为忠臣。太守遂原意罚，贳狱吏罪。后州辟从事。贼张子林等，数百人作乱。修与太守俱出讨贼，贼交射之，飞矢雨集。修障扞(5)太守，为流矢所中，死。太守得全。贼素闻其恩信，即杀弩中修者，余悉降散。言曰，自为彭君故降，不为太守服也。

【同上】

始遇盗而得全，后遇盗而竟死，何遭逢之不幸也。观其落落数言，悟太守于盛怒之下，其才识有大过人者。身虽被害，而贼徒感动，因以降散，功亦不小矣。

【注】

⑴排阁：推门。

⑵明府：汉魏以来对郡守牧尹的尊称。

⑶任座：魏文侯攻占了中山国，把中山国封给了自己的儿子。魏文侯问群臣："我是什么样的君主？"大家都说："您是仁德的君主！"任座却说："国君您取得了中山国，不把它封赏给您的弟弟，却封给自己的儿子，这怎么会是仁君呢？"文侯听了很不高兴，怒形于色，任座连忙退下。接下来问翟璜，翟璜说："国君是贤君，我听说只有贤明的君主在位，才有敢忠言直谏的臣子。如今任座出言直谏，足可证明国君的贤明，国君应该为此高兴啊！"魏文侯很高兴，派遣翟璜去宣召任座回来，还亲自下殿堂去迎接，把他奉为上客。

⑷朱云：汉成帝时，丞相安昌侯张禹晋升为帝师，地位显赫。一次，槐里令朱云上书求见成帝，当着诸大臣的面，对成帝说："今朝廷内有一位大臣，上不能正主，下无以利民，站着高位不干事，光拿俸禄不谋其政。如果不肯把这种人除掉，国家就不知道会发生什么事。臣请陛下赐尚方斩马剑，杀一奸臣，以激励其他官员。"成帝问指谁，朱云说安昌侯张禹。成帝大怒说："小臣居下毁谤上官，公然在朝廷辱骂帝师，罪死不赦！"御史奉命推朱云下殿，欲斩之。朱云死死抓

住御殿栏槛不放，栏槛被折断。朱云在殿上大声疾呼：“臣在九泉之下与龙逄、比干做伴足矣。臣死不足惜，但不知汉家天下将会怎么样！”御史强行把朱云拖下准备处斩。在场的左将军辛庆忌，摘掉自己的官帽，解下官印和绶带，叩头殿下说：“朱云性情狂直，早已尽人皆知，陛下对他不可太认真，假如他说得有点道理，不能杀，说得不对，也应该宽恕他。臣愿以死相保，请求免他一死。”成帝怒气稍解，免了朱云死罪。被折断的栏槛原样修复，不让换新的，以表彰忠臣冒死直谏的精神。

(5)障扞〔hàn〕：遮蔽；掩护。

【译】

彭修，字子阳，会稽毘陵人。在郡里供职，做功曹。当初年仅十五岁时，父亲做郡里的吏员，获得休假的机会，就和彭修一起回家。在路上被强盗打劫。彭修深感窘困危急，于是拔出佩带的长刀上前抓住强盗的首领说：“父亲受辱，儿子可以去死，你不想活了吗？”强盗互相之间说：“这个小孩儿是个义士啊，不宜逼迫他。”于是告辞道歉离开。乡里的人都传扬他的名字。郡太守因为很小的过失抓捕了狱吏，准备杀了他。主簿钟离意直言规劝很是恳切，太守大怒，掾吏们没有人敢进谏。彭修推门直接进去，拜倒在大堂上说：“明府对主簿发雷霆大怒，请让我听听他的过错。”太守说：“接到命令三天了，始终不执行。不执行命令，对上司不忠诚，难道不是罪过吗？”彭修接着行拜礼说：“从前任座当面指责文侯，朱云用手拉断了大殿的栏杆。要不是贤明的君主，哪能出现忠臣？今天庆幸的是明府是贤明的君主，主簿是忠臣。”太守于是宽恕了对钟离意的责罚，赦免了狱吏的罪责。后来彭修被州府召为从事。贼寇张子林等几百人作乱，彭修和太守一起外出讨伐贼寇，贼寇竞相向他们射箭，飞箭像雨点一样密集。彭修用身体掩护太守，被流箭射中，死了。太守得以保全性命。贼寇素来就听说彭修的恩德信义，就杀了用箭射中彭修的人，其余的全部投降散去。他们说："自然是因为彭修的缘故投降的，不是因为太守而顺服的。"

（出处同上）

当初遇到强盗能够保全性命，后来遇到强盗竟然死了。为什么遭遇这样不幸呢？看他落落大方的几句话，使太守在盛怒之下醒悟，他的才能和胆识有远远超过一般人之处。自身虽然被害，但贼寇被感动，因而投降散去，功劳也不小啊！

卓茂，字子康，南阳宛人。为丞相府史，性不好争。有人认其马，卓曰，子失马几时。曰，月余。茂知其谬，默解与之，挽[1]车而去。后马主得马，送还，亦纳之。为密县令。视民如子，道不拾遗。后官至太傅，封侯。子戎，大中大夫。崇嗣[2]，大司农。

【同上】

吏胥倚恃官势，平日攘人财物者多矣。兹明知人之误认其马，而默解与之，绝不一辩，何相去之悬绝也。即此一端，其居心长厚，德量宽宏，已可概见。为令而爱民如子，道不拾遗，皆其厚德之所及也。福禄之延世，宜哉。

【注】

⑴挽：拉。

⑵嗣：承袭。

【译】

卓茂，字子康，南阳郡宛县人。任丞相府史，生性不喜欢与人争执。有人指认他驾车的马是自己的，卓茂问他说："你丢了马有多长时间了？"那人说："一个多月了。"卓茂知道他认错了，但一句话没说把马从车上解下来交给了那人，自己拉着车离去了。后来马的主人找到了自己的马，把卓茂的马送了回来，卓茂也就收下了。后来做了密县县令，看待百姓就如看待自己的孩子，县境内道不拾遗。后来官做到太傅，被封了侯。长子卓戎，官至大中大夫，次子卓崇承袭了他的爵位，官至大司农。

（出处同上）

吏员倚仗官府的威势，平时侵夺他人财物的很多。现在卓茂是明知别人错认了自己的马，可是一句话不说解下来交给他，绝不作一句辩解。两者之间相距是多么悬殊啊！就从这一点，他心地的恭谨宽厚，道德涵养和气量的宽宏，已经可以大略看出。做县令看待百姓如同自己的孩子，道不拾遗，都是他宽厚的品德所致。福禄延续后代，应该啊！

陈实，字仲弓，颍川人。少为吏，给事县庭。有杀人者，同县杨吏，疑是实。县官遂逮系实。考掠无验，乃出之。及为督邮，实反密托许令，礼召杨吏。由是远近咸叹服焉。转功曹，除太邱长。约已清静，百姓安焉。本司行部，吏虑有讼者，白实欲禁止之。实曰，讼以求直，禁之将何申，不可。亦竟无讼者。中常侍张让父死，归葬颍川。虽一郡毕至，而名士无往者。实乃独往吊焉。后捕诛党人，让感实故，多所全宥。实在乡闾，平心率物。有争讼，辄求判正。至乃叹曰，宁为刑罚所加，勿为陈君所短。有盗夜入其室，实起自整拂[1]，呼子孙训戒之曰，夫人不可不勉。不善之人，未必皆恶。习以性成，遂至于此。梁上君子是矣。盗大惊，自投于地。实徐譬之曰，视君状貌，不似恶人。此当由贫困故。因赠以绢二匹。及党锢[2]解，每三公缺，连征不起。卒年八十四，海内赴吊者，三万余人。【同上】

陈仲弓居乡，则以诚感人，为吏则以德报怨，居官则约己安民，申理冤抑，是一生以忠厚之心，行方便之事。故祸患不侵，终其身享忠厚之报也。今人一充吏胥，辄思遇事生风[3]，睚眦必报[4]，以逞在官之势要。闻仲弓之风，能不愧乎。

【注】

⑴整拂：整理拂拭的意思。

⑵党锢：古代禁止某些政治上的朋党参政的现象。

⑶遇事生风：一有机会就挑拨是非，引起事端。

⑷睚眦〔yá zì〕必报：指像瞪一下眼睛那样极小的怨仇也要报复。比喻心胸极狭窄。

【译】

陈实，字仲弓，颍川人。年轻时做吏员，在县衙门供职。有人杀了人，同县一个姓杨的小吏，怀疑是陈实。县官于是逮捕了陈实。经过拷打讯问没有证据，就把陈实放了出来。等到陈实做了督邮，陈实反而私下委托许县县令，以礼征召姓杨的小吏。因为这件事远近的人都对他表示赞叹佩服。后来陈实转任功曹，又被任命为太邱县县长。要求自己心境清洁，百姓因此生活安定。县长要到辖区巡视，县吏担心有告状的人，就向陈实汇报想加以禁止。陈实说："告状是为了求得公平，如果禁止了他们将到哪里申诉呢？不可以。"最终也没有告状的。中常侍张让的父亲死了，回到颍川安葬，虽然全郡的人都到了，但是名士没有一个去的。陈实就一个人前去吊唁。后来抓捕诛杀党人，张让因为被陈实感动的缘故，对许多人给予了宽赦，保全了他们的性命。陈实在乡间，用心公平，成为大家的榜样。百姓一有争讼，就去找陈实评判。以致有的人竟然感叹地说："宁可受到刑罚的处罚，也不愿受到陈君的指责。"有一个小偷晚上进到他的卧室，陈实起身穿好衣服整理好床铺，把子孙们叫来训诫说："做人不可不努力。不善的人，未必都是恶人。习惯成性，才到了这个地步。房梁上这位君子就是这样。"小偷大为吃惊，自己跳到了地上。陈实慢慢地开导他说："看你的相貌，不像一个恶人。这应当是因为贫穷的缘故。”于是送给他两匹绢。等到党锢解除，每当三公缺员，朝廷连续征召陈实，陈实都没有答应。去世时八十四岁，全国前来吊唁的有三万多人。

（出处同上）

陈仲弓在乡里时，就以诚感人，做了吏员就以德报怨，做了官就约束自己让百姓安宁，为百姓依法处理冤屈。他是一生以忠厚之心，行方便之事。所以灾祸不侵犯，终身享受忠厚的回报。如今的人一旦进入吏员的行列，总是想着遇事生风，睚眦必报，来显摆做官的权势。听了陈仲弓的风范，能不惭愧吗？

陶侃，字士行，寻阳人。早孤贫，为县吏。尝监鱼梁[(1)]，以一坩[(2)]鲊[(3)]遗母。母封鲊及书，责侃曰，尔为吏，以官物遗我。非惟不能益吾，乃以增吾忧矣。以范逵荐为郡督邮，领[(4)]枞阳令，有能名。后以军功封侯，为江夏太守。侃备威仪，迎母官舍，乡里荣之。侃破杜弢，平王敦，威名日盛。累迁征西大将军、荆州刺史。苏峻作逆，侃为盟主，讨平之。封长沙郡公[(5)]，都督八州军事。年七十六，薨[(6)]，谥曰桓。侃性聪敏，勤于吏职。恭而近礼，爱好人伦[(7)]。终日敛膝[(8)]危坐，阃外[(9)]事千绪万端，罔有遗漏。常语人曰，大禹圣者，乃惜寸阴，至于众人，当惜分阴，岂可逸游荒醉。生无益于时，死无闻于后。诸参佐或以谈戏废事者，取其酒器蒱博[(10)]之具，悉投之江。吏将，则加鞭扑。曰樗蒲者，牧猪奴戏耳。君子正其衣冠，摄其威仪。何有乱头养望[(11)]，自为宏达耶。在州无事，辄朝运百甓[(12)]于斋外，暮运于斋内。人问其故，答曰，吾方致力中原，过尔优逸，恐不堪事。其励志勤力如此。有奉馈者，皆问其所由。若力作所致，虽微必喜，慰赐倍之。若非理得之，则切厉诃辱，还其所偿。在职四十一载。百姓勤于农殖，家给人足，数千里中道不拾遗。郢楚间，刊石[(13)]画像以祀之。

【晋书】

为吏而不私一鲊，则大者可知。厥后身处富贵，奉馈者必问其所由。侃之廉，皆母教之于为吏时者也。迹其功业炳赫，谋无不成，动无不利，得力捻[14]在一勤，寸阴之喻。蒲博之戒，诚苦口之良药矣。为吏者既学其廉，又法其勤，何患不能远到[15]哉。

【注】

⑴鱼梁：拦水捕鱼的一种设施。

⑵坩〔gān〕：盛物的陶器。

⑶鲊〔zhǎ〕：用盐腌的鱼。

⑷领：兼任。

⑸郡公：爵名。

⑹薨：古代称诸侯或有爵位的大官去世。

⑺人伦：人才。

⑻敛膝：盘腿。

⑼阃〔kǔn〕外：指外任将吏驻守管辖的地域，与朝中、朝廷相对。阃，指城郭的门槛。

⑽蒲〔pú〕博：摴〔chū〕蒱。古代的一种博戏。后来泛指赌博。

⑾养望：培养虚名。

⑿甓〔pì〕：砖。

⒀刊石：刻石。

⒁捻〔zǒng〕：同“总”。

⒂远到：日后能大成的意思。

【译】

陶侃，字士行，寻阳人。早年父亲去世，家境贫穷。做县里的吏员时，曾经负责监管鱼梁。他把一坩用盐腌制的鱼送给母亲，母亲把咸鱼原原本本封好并写了一封信，责备陶侃说："你作为县吏拿公家的东西送我，不但不能给我带来好处，而是以此增加了我的担忧。"依靠范逵的推荐做了郡里的督邮，兼任枞阳县县令，有能干的名声。后来因为军功封了侯，做了江夏郡太守。陶侃带着随从仪仗，把母亲接到官府的住宅，乡亲们以他为荣耀。陶侃打败杜弢，平定王敦，威名与日俱增。相继升任征西大将军、荆州刺史。苏峻造反作乱，陶侃做盟主，讨伐平定了叛乱，被封为长沙郡公，统领八个州的军事。七十六岁的时候去世，谥号叫桓。陶侃生性聪敏，尽力于官吏职责。恭谨而知礼，爱惜人才。整天盘腿端坐，管辖地域的事千头万绪，但没有任何遗漏。常常对人说："大禹是圣人，还珍惜每一寸光阴，至于普通的人，应当珍惜每一分光阴。哪能放纵游乐沉湎酒醉，活着对当时没有益处，死了没有声誉流传后世！"众位部下有因为谈笑游戏耽误公事的，把他们的酒器和赌博的器具拿过来，全部扔到江里。如果是官员和将领就用鞭子或棍棒抽打。他说："赌博只是放猪人的游戏罢了。君子要让自己衣冠齐整，仪容举止庄重。哪有头发蓬乱博取虚名，还自认为才识宏大畅达的呢？"在州里没事的时候，总是早上把一百块砖头搬到屋子外，晚上再搬回屋子里。有人问这么做的缘故，他回答说："我刚刚效力于中原，过分安闲，恐怕不能胜任大事。"他磨砺志向，勤勉努力，就像这样。有来赠送礼品的，他都要问礼品的来由。如果是自己出力劳作得来的，即使微薄也很高兴，而且加倍抚慰赏赐。如果是不合情理得来的，就严厉地大声斥责，让对方感到羞耻，并退还送来的礼品。在职四十一年，他所管辖地区百姓尽力于农业种植，家家衣食充裕，人人生活富足。方圆千里之内，道不拾遗。郢楚一带，都刻石画像来祭祀他。（出自《晋书》）

做吏员不私自占有一坩鲊鱼，那么大的方面可想而知。他后来身处富贵，别人送来的礼品一定问其由来。陶侃的廉洁，都是因为母亲在他做吏员时的教诲。考察他功业显赫，谋划没有不成功的，行动没有不顺利的，受益之处总体就在于一个勤字。一寸光阴的比喻，赌博的劝诫，的确是苦口的良药。做吏员的如果既能学习他的廉洁，又能效法他的勤勉，何愁不能在日后取得大的成就呢？

易雄，字兴长，长沙浏阳人。少为县吏，自念卑浅无由自达，乃脱帻(1)挂县门而去。习律令，及施行故事。州里称之。仕郡为主簿，至春陵令。王敦之乱，雄驰檄(2)远近，列敦罪恶。募众千人，督率捍御。力屈(3)被害，意气慷慨，神无惧色。　【同上】

吏而不学，则碌碌一胥史耳。岂能有所表见耶。易君之挂冠而去，非薄之不为，正欲一意讲习，为致用之具也。古人自待之厚，不肯苟且浮沉若此。他日忠义奋发，就死从容，其得力于学问者深矣。

【注】

(1)帻〔zé〕：帽子的意思。

(2)驰檄：迅速传送檄文。

(3)力屈：力气用尽。

【译】

易雄，字兴长，长沙浏阳人。年轻时做县里的吏员，自己心里想地位低下、学识浅薄，没有途径自我显达，于是摘下帽子挂在县衙门上离去。学习法律，以及旧时执行法律的先例。州里的人都称赞他。后来在郡里供职担任主簿，最后做到春陵县县令。王敦作乱，易雄立即到远近各地传送声讨檄文，列举王敦的罪恶。并招募民众数千人，亲自统率率队伍抵御贼寇。最终因力量耗尽被杀害，就义时意气慷慨，神态毫无惧色。　（出处同上）

做吏员不学习，就只能是一个碌碌无为的小吏罢了。哪里会有所表现？易雄挂帽而去，不是轻视吏员这个职业而不想做，只是想一心一意研讨学习，获得经世致用的才能。古人把自己看得很重，不肯苟且偷生随波逐流就是这样。日后忠义奋发，就死从容，那得益于学问的影响是很深厚的啊！

凉张实，下令所部民吏，有能举其过者，赏以布帛羊米。贼曹佐[(1)]隗瑾曰，明公为政，事无巨细，皆自决之。群下畏威，受成而已。如此，虽赏之千金，终不敢言也。谓宜少损聪明，延访群下，使各尽所怀，然后采而行之。则嘉言自至，何必赏也。实悦，从之。【纲目】

愚者千虑，必有一得。况胥曹中尽有通达义理之人，特以素习巧诈，不能取信于长官，故长官不复顾问。而吏亦以中有所馁[(2)]，不敢侃侃直谏。若立身端正，平日无作奸犯法之事，遇有可以匡其政治者，亦何畏而不言。虽有自用之长官，当必为之虚心听受矣。

【注】

(1)贼曹佐：官名。

(2)馁：没有勇气。

【译】

前凉国张实，下令所管辖地区的吏员百姓，有能指出他过错的，赏给布匹、丝绸、羊和米。贼曹佐隗瑾说："明公处理政事，事无巨细，都自己一个人决定。众下属畏惧您的威严，办事只按照您的计划部署执行罢了。如果这样，即使赏给千金，下属最终也不敢说话。我私下认为应当稍微少用一下您的聪明，广泛访求众下属，让他们各自说出心里话，然后采

纳施行。那么好的意见自然就来到了，何必赏赐呢？”张实非常高兴，听从了隗瑾的意见。（出自《纲目》）

愚者千虑，必有一得。何况吏员当中，总是有通达义理的人。只是因为平日习惯于机巧诈伪，不能取信于长官，所以长官不再向他们征求意见。而吏员也因为内心缺乏勇气，不敢侃侃直谏。如果立身端正，平时没做奸犯科的事情，遇到有可以匡正政事的机会，有什么畏惧而不敢说话呢？即使有刚愎自用的长官，也一定会为之虚心听取接受。

法录（下）

湛贲为郡吏，其妻与彭伉之妻，兄弟[(1)]也。伉登第，妻族贺之，坐上皆名士，独饭贲于后阁。贲自是悔悟，发愤良苦。后擢上第，伉方过其所居之桥，闻之，失声[(2)]坠驴。因名其桥为湛郎桥。【语林】

湛贲亦所称有志之士，故能因一坐之屈，而悔悟发愤，至于登第也。最可笑者，彭伉与湛，本属戚谊，乃因其为郡吏而侮慢之。继闻湛第，至于失声坠驴，何其鄙陋无识，一至于此。是可以戒世之轻弃史胥者，更可以励史胥之能自立者。

【注】

(1)兄弟：古代姐妹也称兄弟。

(2)失声：不由自主地发出声音。

【译】

湛贲做郡里的吏员，他的妻子和彭伉的妻子是姐妹。彭伉中了科举，妻子家族前来祝贺。座席上都是有名望的人，单单让湛贲在后房里用饭。湛贲从此悔悟，发愤苦读。后来选拔考试名列上等时，彭伉正过他所住之处旁边的一座桥，听到这个消息，“啊呀”一声从驴背上掉了下来。因而人们把这座桥叫作“湛郎桥”。（出自《语林》）

湛贲也就是人们所称道的有志之士，所以能因为一个座位的委屈，而幡然悔悟，发愤苦读，以至登科及第。最可笑的是，彭伉与湛贲，本来属于亲戚情谊，竟然因为湛贲是郡里的小吏而轻侮慢待他。等到听说湛贲考中科举，以至于从驴背上掉下来，多么鄙陋无知，竟然到了如此地步。这件事可以警诫世上轻视鄙弃吏员的人，更可以激励吏员中能自强自立的人。

王藻，潼川人。为狱吏，每日持金归。妻疑之，因遣婢馈猪蹄十脔[(1)]。及归，绐云送三十脔。藻怒，酷掠之。婢不胜痛，诬服，遂杖逐之。妻告之故，因曰，君日持钱归，我谓必鬻狱[(2)]而得。姑以婢事试之。刑罚之下，何事不承。愿自今切勿以一钱来。不义之物，死后必招罪咎。藻矍然大悟，汗流浃背。因题壁曰，枷杻[(3)]追求只为金，转增冤债几何深。从今不愿顾刀笔，放下归来游竹林。即弃家学道，后赐号保和真人。【臣鉴录】

放下屠刀，立地成佛。其人根器[(4)]固好，亦赖贤内助之善于点化也。世有昧心取利，剜他人之肉，以供妻子之欢，而妻子亦且喜其夫之善于攫取，共图安饱也。岂知其所从来，有人不忍言者哉。

【注】

(1)脔〔luán〕：切成小块的肉。

(2)鬻〔yù〕狱：受贿而枉断官司。

(3)枷杻：木枷与手铐。戴在囚犯颈项、手腕上的刑具。

(4)根器：佛教语。指人的禀赋、气质。

【译】

王藻，潼川人，做监狱的小吏，每天拿钱回来。妻子感到疑惑，于是派婢女送给他十块猪蹄肉。等王藻回来后，哄骗他说送了三十块。王藻大怒，残酷地拷打婢女。婢女承受不了痛苦，就无辜地认错了。于是用棍棒将其赶出家门。妻子把缘由告诉了他，趁机说："夫君每天拿钱回来，我想一定是通过受贿而枉断官司得来，姑且拿婢女的事试探你。刑罚之下，什么事不得承认？希望从今天起千万不要拿一文钱回来。不义之财，死后一定会招来罪责。"王藻惊恐得豁然省悟，汗流浃背。于是在墙壁上题了一首诗："枷杻追求只为金，转增冤债几何深。从今不愿顾刀笔，放下归来游竹林。"随即离家学道。后来被赐号"保和真人"。

（出自《臣鉴录》）

放下屠刀，立地成佛。这个人的禀赋固然好，但是也依赖于贤内助的善于点化。世上有的人，昧着良心攫取私利，剜他人的肉，来供妻子欢心，而妻子也高兴她的丈夫善于攫取，共同谋求生活平安富足。殊不知他们钱财的来路，有让人实在不忍心说的地方。

有人因他适回，见其妻被杀于家，但失其首。奔告妻族，妻族以婿[(1)]杀女，讼于郡守。刑掠既严，遂自诬服。独一从事疑之，谓使君曰，人命至重，须缓而穷之。且为夫者，谁忍杀妻。纵有隙而害之，必为脱祸之计。或推病殒，或托暴亡。今存尸而弃首，其理甚明，请为更谳[(2)]。使君许之。从事乃迁此系于别室，仍给酒食。然后遍勘在城仵作[(3)]行人，令各供近来与人家安厝[(4)]坟墓多少文状。既而一一面诘之曰，汝等与人家举事，还有可疑者乎。中一人曰，某于一豪家举事，共言杀却一奶子[(5)]。于墙上舁[(6)]过，凶器中甚似无物。见在某坊。发之，果得一妇人首。令诉者验认，则云非是。遂收豪家鞫之，豪家欵伏[7]。乃是与妇私好，杀一奶子，函首[8]而葬之。以妇衣衣奶子身尸，而易妇以归，畜[9]于私室。其狱遂白。【智囊】

凡狱，官司或难骤明，从事者从旁推勘，其疑似虚实，无不悉知。第恐以贿托之有无为出入耳。此狱情事甚幻，从事一片公心，为之推究，卒能昭雪奇冤，岂非千古一大快事哉。念人命之至重，仁也。知案情之非实，遍访仵作行人而得其首，智也。不阿顺本官，而救其枉断之失，忠也。一事而三善备焉，求之士大夫，有不可多得者，使君亦何幸而获此也。惜其名姓不著耳。

【注】

(1)壻〔xù〕：同“婿”。

(2)谳〔yàn〕：审判定罪。

(3)仵〔wǔ〕作：旧时官府中检验死伤的差役。亦称以代人殓葬为业的人。

(4)安厝〔cuò〕：安葬。

(5)奶子：乳母。

(6)舁〔yú〕：抬。

(7)欵伏：服罪；招认。欵：同“款”。

(8)函首：用匣子装盛人头。这里指把人头装在棺材里。

(9)畜：藏的意思。

【译】

有一个人因为其他事回家，发现妻子在家里被杀，只是头没有了。这个人急忙跑去告诉妻子家的人，妻子家的人认为女婿杀了他们家女儿，就告到郡守那里。严刑拷打以后，这个人无辜地认罪了。唯独有一个郡府里的从事对这个案子表示怀疑，他对使君说：“人命最为重要，须慢慢地去深究。况且做丈夫的，谁忍心杀害妻子？即使有矛盾要害她，也一定要设一个免于受到惩罚的计谋。或者推说因病死去，或者托词得暴病身亡。如今尸体在而头却被丢弃了，这中间的道理非常明白。请求重新审理。”使君同意了他的请求。这位从事就把这个人转移关押到另外的房间，仍然给提供酒食。然后四处调查在城里代人殓葬为业的人，让他们各自提供近来给别人家安葬了多少坟墓的文书，继而一一当面询问说：“你们给别人家办事，还有可疑的地方吗？”其中一个人说：“我在一家富豪家办事，都说杀死了一个奶妈。从墙上抬过去的时候，棺材里好像什么都没有，现在还在某某街巷。”打开棺材果然发现一个妇女的头颅。让告状的人去辨认，却说不是他们家女儿。于是把那个富豪抓来讯问，富豪认了罪。原来是富豪和那个人的妻子私通，杀了一个奶妈，准备把头装在棺材里埋葬掉。把那个人妻子的衣服穿在奶妈的尸体上，抬到那个人家把那个妇人换了回来，藏在密室里。这个案子于是真相大白。（出自《智囊》）

大凡诉讼案件，官府有时难以立刻明断。担任从事的人从旁考察，那些嫌疑虚实，无不全部知晓。只是担心因为贿赂、请托的有无而造成案情有出入罢了。这个案件的案情非常奇幻，从事一片公心，为之详加考察，最终能昭雪奇冤，难道不是千古以来一大快事吗？考虑到人命至关重要，是仁；知道案情不实，四处查访以代人殓葬为业的人而找到了那颗头颅，是智；不阿谀顺从长官，而是补救他错误断案的过失，是忠。一件事而具备三方面的善行，这样的人就是从士大夫当中访求，也是不可多得的。使君有多么的幸运而得到这个人啊！只可惜他的姓名没有写明。

御史台有老隶，素以刚正名。每御史有过失，即直其梃[(1)]。台中以梃为贤否之验。范讽一日召客，亲谕庖人[(2)]以造食，指挥数四。既去，又更呼之，叮咛告诫。顾老隶梃直，怪而问之。答曰，大凡役人者，授以法而责其成。苟不如法，自有常刑，何事喋喋。使中丞宰天下，安得人人而诏之。讽甚愧服。

【同上】

此隶具骨鲠[3]之姿，而所言又深知大体，诸御史之严师益友也。安得以舆台[4]目之，惜不记其姓名也。

【注】

(1)梃〔tǐng〕：棍棒；梃杖。

(2)庖人：厨师。

(3)骨鲠〔gěng〕：鱼骨头，比喻刚直。

(4)舆台：舆和台是古代奴隶社会中两个低的等级的名称，后来泛指奴仆及地位低下的人。

【译】

御史台有一位年纪大的差役，素来以刚正闻名。每当御史有过失，他就把手里的梃杖竖直。御史台中把老差役的梃杖是否竖直作为做事好不好的凭证。范讽有一天请客，亲自告诉厨师做饭，并指点了好多次。厨师已经离开了，再叫回来，叮咛告诫。回头看见老差役的梃杖竖直了，就奇怪地问是什么原因。老差役回答说："大凡使唤人，要教给他方法要求他完成，如果不按教给的方法做，自有一定的刑罚处置，为什么要喋喋不休呢？假使中丞您掌管天下，哪能给每一个人都下诏令呢？"范讽非常惭愧佩服。

（出处同上）

这个差役具有刚直的性格，而且所说的话又深知大体，是众位御史的严师益友。哪能当作地位低下的人去看待他呢？可惜没有记载他的姓名。

姚时可为狱吏。有张邦昌之族弟某，坐谋逆党，被逮。与其家属，同入狱中。张嘱姚曰，吾自分必死。有藏金在某室中，君往取之。烦为密营毒药十余服，俟[1]命下，即与子弟辈共引决[2]。以后事托君。姚慰之曰，朝廷仁政尚宽，当为公探消息。果不可免，徐为此计，未晚。后张竟以不与谋获免。张感其全护之恩，以百金馈之，拒不受。是时姚未生子，后连生八男。迨[3]长立，皆有名誉。廷衮、一谦，相继登第。廷昂、一夔，悉为名士。【人生必读书】

为胥吏者，遇此等事，未有不喜为奇货可居，得遂所欲矣。方且甚其词以恐吓之，神其说以怂恿[4]之。孰肯好言宽慰，委曲护持。卒全一家之命，力却百金之酬，由其满腔中全是救人危难之诚心，不参一毫私意，不涉半点牵强者也。人服之，天佑之，子孙之多而且贤也，宜哉。

【注】

(1)俟：等待，等候。

(2)引决：自杀。

(3)迨〔dài〕：等到。

(4)怂恿〔yǒng〕：同“怂恿”。

【译】

姚时可做监狱的小吏时，有张邦昌的同族弟弟某某，犯了参与谋反罪，被逮捕，和家属一起入狱。姓张的嘱咐姚时可说：“我自认为一定会死。有一些银子藏在我家的某个屋子里，你前去把它取走。麻烦替我悄悄设法搞到十几副毒药，等到命令一下，我和子弟们一起自杀。把后事就托付给你了。”姚时可安慰他说：“朝廷施行仁政，崇尚宽大。我可以为您探听消息，如果真的不可避免，慢慢做这个打算，也不晚。”后来姓张的最终因为没有参与谋反获得赦免。姓张的感激他保护自己的恩情，拿出一百两银子送给他，姚时可拒不接受。这时姚时可还没有生子，后来接连

生了八个男孩。等到长大成人，都有名望和声誉。廷衮、一谦，相继考中科举；廷昂、一夔，都是名士。（出自《人生必读书》）

做吏员的，遇到这样的事，没有不高兴地认为奇货可居，想得到什么就能得到什么的。而且还要夸大其词来恐吓他，把自己的话吹得神乎其神怂恿他。谁愿意用好言宽慰，周到呵护？最终保全了一家人的性命，却极力拒绝一百两银子的酬谢，是因为他满腔中全是救人于危难的诚心，不掺杂一毫私意，不牵涉半点牵强的缘故。人们佩服他，老天保佑他，子孙很多而且贤能，应当啊！

张庆，汴人。为省司狱，矜慎自持。日亲扫狱舍，暑月尤勤。每戒其徒曰，人罹于法，甚属可矜。况我辈以司狱为职，若不加矜恤，则罪人何所倚赖。饮食汤药[1]卧具，必加精洁。囚有受枉者，为之缓词请释，狱中多获保全。每重囚就戮，为之斋戒诵经一月。一日妻病已殁复苏。庆年八十二，无疾而终。六子皆显。【同上】

汉周勃系狱，叹曰，吾尝将十万军，安知狱吏之贵。又司马迁云，见狱吏则头抢地，视徒隶则心惕息[2]。可知人到狱间，生死之权，半操于狱吏。此地能矜恤保护，阴德最大。张君矜恤狱囚，无微不至。可生者缓词请释，已死者斋心诵祷。狱地有此，生全实多。后之夫妇寿考[3]，子孙衍庆，夫岂偶然。凡吏卒有管囚之贵者，不可不学其居心行事也。

【注】

(1)汤药：用水煎服的中药。

(2)惕息：心跳气喘。

(3)寿考：高寿。

【译】

张庆，汴梁人。做省里的司狱，做事谨慎，严于自律。每天亲自打扫监舍，夏季更加频繁。常常告诫他的同伴说："人犯了法，非常值得同情。何况我们这些人以管理监狱为职责，如果对他们不加怜悯体恤，那么犯罪的人还有什么依靠呢？"犯人的饮食、汤药、卧具，他一定给打理得精致干净。囚犯有受冤枉的，他替他们向上司说好话请求释放，监狱里的人好多因为他保全了性命。每当重犯要接受死刑，他要为他们斋戒念经一个月。有一天妻子因病而死但又苏醒了过来。张庆活了八十二岁，无疾而终。六个儿子都地位显达。（出处同上）

汉代周勃被囚禁在监狱，感叹地说："我曾经统率十万军队，哪知狱吏地位尊贵呢？"又司马迁说："看到狱吏就以头抢地，见到狱卒就心跳气喘。"可见人到了监狱里，生死的大权，一半掌握在狱吏手中。这个地方能对囚犯怜悯、体恤、保护，积的阴德最大。张庆君怜悯体恤囚犯，无微不至。有可能活下来的人为他们说好话请求释放，已经确定必死的人为他们斋戒祈祷。监狱这地方有这样的人，保全生命的人实在是很多。后来张庆夫妇都长寿，子孙绵延吉庆，这难道是偶然的？但凡吏卒里有管理囚犯的，不可不学他的用心和做事。

嘉善支立之父为刑房[1]吏，有囚无辜陷重辟[2]。支哀之，欲求其生。囚语妻曰，支公嘉意，明日延至家，汝以身事之。彼或有意，则我可生也。妻从而听命。及至家，妻自出劝酒，具告夫意。支坚却之，终为尽力平反。囚出狱。夫妻登门叩谢曰，公如此厚德，何无子。吾有弱女，愿为箕帚妾[3]。此礼之可通者。支为备礼聘纳之。生立，弱冠中魁，官至翰林。立生高、生禄，皆贡[4]为学博[5]。禄生大伦，登第。【迪吉录】

见无辜而恻然动念，人或有之。至于坚拒其妻，不乘危以败节，此心真可对天地而质鬼神矣。若无此一段皦皦[6]之诚，则后之纳女为妾，心迹何以白明。而天之所以报之者，又岂能如是之厚耶。

【注】

⑴刑房：旧时衙门中掌理刑事案件的分署。

⑵重辟：极刑，死罪。

⑶箕帚妾：持箕帚的奴婢，借作妻妾之谦称。

⑷贡：推举。

⑸学博：唐制，府郡置经学博士各一人，掌以五经教授学生。后泛称学官为学博。

⑹皦〔jiǎo〕皦：清白；光明磊落。

【译】

嘉善县支立的父亲做刑房的吏员时，有一个囚犯无辜地陷入死罪。支立的父亲很同情他，想让他活下来。囚犯对他的妻子说："支公一片好意，明日请他到家里，你用自己的身躯侍奉他。他或许有意，那我就可以活下来了。"妻子答应并听从了丈夫的话。等支立的父亲到家，妻子亲自出来劝酒，并把丈夫的意思全盘告知。支立的父亲坚决拒绝，最终为他尽力平反。囚犯出狱后，夫妻登门拜谢说："您如此厚德，为什么没有儿子呢？我们家有一个姑娘，愿意做您的妾。这从礼仪上是行得通的。"支立的父亲用周到的礼仪把姑娘娶了过来。生下了支立，二十岁时应试中了第一名，后来官至翰林。支立生支高、支禄，都被推荐为学博。支禄生大伦，考中科举。（出自《迪吉录》）

见到无辜的人动了恻隐之心，或许有这样的人。至于坚决拒绝他的妻子，不乘人之危败坏自己的名节，这心真可以面对天地质问鬼神啊！如果没有这一段光明磊落的诚心，那么后来娶人家的女儿为妾，自己的心迹用什么来说明呢？而老天用来回报他的，又怎么能如此厚重呢？

张养浩，自幼有行义，勤学业。元时由台省[(1)]掾，为堂邑尹，毁淫祠[(2)]三十余。仁宗延祐初，为礼部侍郎，知贡举。进士诣谒不纳，使人戒之曰，诸君子但思报效，毋劳谢也。为御史中丞，时关中大旱，民相食。既闻命，登车就道。遇饥者赈之，死者瘗[(3)]之。经华山，祷雨岳祠，泣拜不能起。天忽阴翳，一雨三日。及到官，复祷于社坛。大雨如注，禾黍自生。四月未尝居家，止宿公署。夜祷于天，昼出赈饥，无少怠。封滨国公，谥文忠。尝著书三卷，一曰庙堂忠告，二曰风宪忠告，三曰牧民忠告。子引，拜南台御史。

【臣鉴录】

由台掾而为尹，而能毁淫祠，却诣谒。其公忠直亮，可以告天地，质鬼神。至于夜宿于公，昼出赈饥，无少怠。其迫切为民又如此。此所以有祷辄应也。

【注】

(1)台省：指政府的中央机构。

(2)淫祠：不合礼义而设置的祠庙。

(3)瘗〔yì〕：掩埋。

【译】

张养浩，从小做事仁义，勤于学业。元代时由台省的掾吏，升任为堂邑县尹，捣毁不合礼义而设置的祠庙三十多处。元仁宗延祐初年，做了礼部侍郎，主管科举考试。进士们前来谒见一概不接受，让人告诫他们说：“众位君子只想如何报效朝廷，不用烦劳前来感谢。”做御史中丞，当时关中大旱，百姓相食。接到命令后，立即登车上路。路上遇到饥饿的人就给予救济，遇到死了的人就加以埋葬。经过华山，到山上的庙里祈雨，流泪跪拜不能起身。天空忽然阴云密布，雨一下就是三天。等到任后，又到社坛祈祷。大雨如注，庄稼自然生长。四个月不曾在家里居住，都是住宿在公署。夜晚向上天祈祷，白天出去救济饥民，没有一点懈怠。后来被封为滨国公，谥号文忠。曾著书三卷，一卷叫《庙堂忠告》，一卷叫《风宪忠告》，一卷叫《牧民忠告》。儿子张引，官拜南台御史。

（出自《臣鉴录》）

由台省的掾吏而升任为县尹，而且能捣毁不合礼义而设置的祠庙，拒绝进士们的谒见。他的公正忠实、正直诚信，可以禀告天地，质问鬼神。至于夜晚住宿在公署，白天出去救济饥民，没有一点懈怠。他的迫切为民又如此。这就是他有祈祷就有回应的原因。

黄翊，字孟翔，新建人。通春秋，工属文。元末，弃举业[1]，为庐陵郡掾。性刚劲，不可回挠。事碍于法，辄抱案历阶而升，摘其语，与上官议，反复相钩连。上官怒，斥之，屹立不少动。已而卒如翊言。安城土豪暴甚，州县畏之。一旦杀人，上下相目，莫敢逮。同列[2]憎翊木强[3]，嗾使行。豪树栅自固，翊命拔去。抵其门，恶少年数十，执刃，哗而出。翊叱曰，汝欲反耶。少年曰，反则不反，但汝足稍前，即刳[4]汝肠矣。翊曰，汝主自杀人，何与尔事，顾乃同灭族耶。少年色动。翊挺身呼而入曰，汝即杀我。少年皆投刃走。翊坐堂上，索豪。豪知事急，出见求解，且诱以重赂。翊佯诺之，与俱来，置诸法。人见翊，咸戟手[5]曰，此健吏，不可犯也。至正间，大盗起蕲黄，将及郡。郡二千石[6]与官吏皆散走，翊独立孔子庙堂。盗获之，知为府掾，强之仕，使行官书。翊骂曰，死狗奴，我死即死，其能官于贼耶。盗怒，反接[7]于树。历一日，意其自悔，抽刀砺颈曰，从则禄，不从，则血涴[8]吾刃矣。翊大骂，甚于初。贼砍首而去。宋学士景濂为作吊忠文。【南昌府志】

事有违碍，辄与上官力争，必如其言而后已，惟其理之直也。众人置之死地，而毅然竟行，制豪恶如犬豕，惟其气之壮也。骨鲠本于性生，忠义蓄于平日。卒之见危授命，杀身成仁，大节皎然，争光日月。当日之二千石长吏(9)，对此能不愧死。

【注】

(1)举业：为应科举考试而准备的学业。

(2)同列：同僚。

(3)木强：质直刚强。

(4)刳〔kū〕：挖。

(5)戟手：伸出食指和中指指人，因为形状像戟。

(6)二千石：汉制，郡守俸禄为二千石。后来称郡守为“二千石”。

(7)反接：把双手在背后捆绑起来。

(8)涴〔wò〕：污染；弄脏。

(9)长吏：旧称地位较高的官员。

【译】

黄翊，字孟翔，新建人。精通《春秋》，擅长写文章。元朝末年，放弃应考学业，做了庐陵郡的掾吏。性格刚劲，不可屈服。事情有碍于法律，他就会抱着案卷快步登上台阶，摘出案卷中的文字，和上司讨论，反反复复旁征博引。上司非常生气，让他退下去，他站得稳稳的一点都不动。后来终于还是按黄翊说的那样办。安城有一个土豪非常凶暴，州里和县里都很害怕他。有一天杀了人，上上下下你看我我看你，没有人敢去逮捕他。同僚们厌恶黄翊的质直刚强，就怂恿他去。那个土豪在门前树起栅栏确保自己安全，黄翊让人拔去，到了土豪的门前。好几十个品行恶劣的年轻人，手里拿着刀，叫喊着拥了出来。黄翊呵斥他们说："你们想反了吗？"年轻人一起说："反是不反，只是你的脚再往前迈一点，就挖出你的肠子。"黄翊说："你们的主人自己杀了人，与你们有什么事，反而想一同被灭族吗？"年轻人的脸色变了。黄翊挺身大叫着冲过去说："你们就杀了我！"年轻人都扔下刀跑了。黄翊坐在堂上，要土豪出来。土豪知道事情紧急，赶忙出来面见请求和解，并且用丰厚的财物引诱他。黄翊假装答应了他，让土豪和他一起走，土豪被依法处置。人们见了黄翊，都用手指着他说："这是个精干的吏员，不能冒犯他。"至正年间，大盗在蕲黄地区起事，即将到达郡里。郡守和官吏们都四散逃跑，黄翊一个人站在孔子庙堂。强盗抓获了他，知道他是郡府的掾吏，强迫他出来做官，让他负责官府文书的起草。黄翊大骂说："死狗奴，我死就死，哪能为盗贼做官呢？"强盗大怒，把他反绑在树上。过了一天，估计他会自己悔过，就抽出刀来在他脖子上磨来磨去，说："答应就有做官的俸禄，不答应，就血染我的刀了。"黄翊大骂，比当初更厉害。强盗砍下他的头离去了。宋景濂学士为他写了《吊忠文》。 （出自《南昌府志》）

事情有违法律，就与上司力争，一定按照他说的那样才罢休，在于他的理直；众人把他置于死地，但是依然前行，像制服猪狗一样制服豪强恶霸，在于他的气壮。刚直来自于生性，忠义在于平时的蓄积。最终见危授命，杀身成仁。大节皎然，可以和日月争光。当日的郡守高官，对此能不羞愧而死？

吉州城内徐姓，遣婢送金钗还人。婢插头上，中途坠地。城卒李姓拾之，因随婢行，观其所之。婢入人家，仓皇即出，至江边，欲投水。李急呵而问之。婢曰，主母性酷，适命送钗还人，中途坠失，必遭棰[(1)]毙，不如先死。卒还其钗，婢感谢。后婢嫁默林渡村民为妻。一日卒将登渡，婢力挽到家，沽[2]酒欵之。忽闻渡口喧噪，出视之，渡舟溺，人俱死。李卒以留故得全。

【感应事实】

一守城穷卒耳，拾钗不取，复尾随而还之。原有一段扶危济困之心，不仅于见利不取而已。若李止于失金之所，坐待来索，而婢又不知钗失何处，婢命之亡也久矣。其后欵留酒食，不过寻常之报施，竟成拯溺之大德。为善之报，抑何巧耶。莫谓穷役中无善人也。

【注】

⑴棰〔chuí〕：敲打。

⑵沽：买。

【译】

吉州城里有一家姓徐的人家，打发丫鬟把金钗送还别人。丫鬟把金钗插在头上，中途掉到了地上。一个姓李的守城役卒捡到了，就跟着丫鬟走，看她到什么地方。丫鬟进到一户人家，又慌慌张张地出来，到了江边，想要投江自杀。姓李的役卒急忙大声喊着问她什么缘故。丫鬟说："女主人生性残暴，刚才让我把金钗还给别人，中途丢失了，一定会被打死，还不如先死了。"役卒把金钗还给她，丫鬟非常感谢。后来那个丫鬟嫁给默林渡一个村民做了妻子。有一天役卒将要登船过河，丫鬟一再挽留到家里，买来酒款待他。忽然听到渡口人声吵闹，出去一看，渡船沉没了，船上的人都死了。姓李的役卒因为丫鬟的挽留得以保全性命。

（出自《感应事实》）

一个守城的役卒罢了，捡到金钗没有据为己有，还尾随着丫鬟还给了她。原本就有一片扶危济困的心，不仅仅在于见利不取而已。如果姓李的停在丢失金钗的地方，坐等失主来索要，而丫鬟又不知道金钗丢在什么地方，丫鬟丧命也就很久了。后来挽留款待酒食，不过是寻常的报答，竟然成就了拯救落水的大德。做善事的回报，为什么这么巧呢？不要说贫穷的役卒里没有善人啊！

豫章大祲[1]，新建县一民，乡居窘甚，家止存一水桶，售银三分。计无复之，乃以二分银买米，一分银买信[2]，将与妻孥共一饱食而死。炊方熟，会里长至门，索丁银[3]。里长远来而饥，欲一饭而去。辞以无，入厨见饭，责其欺。民摇手曰，此非汝所食。因涕泣告以故。里长急倾其饭而埋之，曰，若何遽至此。吾家尚有五斗谷，负归以延数日。民感其意而随之，得谷以归。出之，则有五十金在焉。民骇曰，此必里长所积偿官者，误置其中。渠[4]救我死，我安忍杀之。持金还之。里长曰，吾贫人，安得此银，殆天以赐若者。其人固让，久之，乃各分其半。两家皆得饶裕。【言行汇纂】

胥役持片纸下乡，百端苛索，鸡犬不宁，岂知贫人之苦，至有求生不得者乎。若不因索饭喝破，倾而埋之，一家命尽，里长亦将受累矣。里长中多有与胥役朋比为奸，吸民财物，独此里长怜贫救死，又委曲赡以多金，里长固非常人。而乡民虽极贫，不肯昧[5]金，亦属难得。故两人皆化灾为福也。

【注】

(1)大祲〔jìn〕：同“大侵”，严重歉收，大饥荒。

(2)信：信石，砒霜。

(3)丁银：按人丁数目缴纳的税银。

(4)渠：他。

(5)昧：隐藏。

【译】

豫章郡遭了大饥荒，新建县一个百姓，住在乡下生活非常窘困。家里只留下一个水桶，卖了以后得到三分银子。考虑再没有活下去的办法，就拿二分银子买了米，一分银子买了砒霜，打算和妻子儿女一起吃一顿饱饭而死去。饭刚做熟，正赶上里长到了门前，索要丁银。里长走了很远的路饿了，想吃一顿饭再走。这个百姓以没有饭的理由推辞。里长进到厨房看见了饭，就责怪他欺骗自己。百姓摆着手说："这不是你能吃的。"就流着眼泪告诉了缘故。里长急忙把饭倒出去埋了，说："为什么能到这个地步？我家还有五斗粮，背回来延缓几天。"百姓被他的好意感动，就跟着去了。得到粮食回来，倒出来以后，却有五十两银子在里边。百姓吃惊地说："这一定是里长积攒下偿还官府的，误放在里边。他在我要死的时候救了我，我哪能忍心害死他？"就拿着银子去归还。里长说："我一个穷人，哪来这银子呢？大概是老天赐给你的。"那个百姓一再推让了很长时间，就各自分了一半。两个家庭都因此富裕起来。

（出自《言行汇纂》）

官府小吏拿着一张纸下到乡里，想尽一切办法苛刻地索取，鸡犬不宁。哪里知道穷人的苦处，以至于有求生不得的人呢？如果不是因为要一顿饭吃而揭穿说破，把有毒的饭倒掉埋了，一家人的性命就完了，里长也将受到连累。里长中有很多人和小吏朋比为奸，掠取百姓的财物。唯独这个里长怜悯穷人救了他们的命，又辗转周折周济他们许多钱。里长固然不是平常的人，而乡民虽然非常贫穷，却不肯把不属于自己的钱藏起来，也是难得。所以两人都化灾为福。

万钢，字仕坚，南昌人，少曾为吏。洪武中，应聪明正直[(1)]荐，高皇帝问曰，天下何人快活。诸选人对皆不称。钢从容对曰，畏法度的快活。上曰，朕改一字，守法度的快活。即授广平府同知[(2)]。有惠政，凿石改道，石上有文曰，万钢改路南行。人咸异之，广平民为之立祠。【南昌府志】

畏法度，才肯守法度。能守法度，则理得心安，灾害日远，魂梦常宁。

谚所谓半夜敲门不吃惊者，岂非极乐境界耶。钢自幼从事公门，于天理王法，实在有一番体验。故能为此语，实千古不易之论。明太祖改一守字，觉渐近自然。要其吃紧处，全在畏字也。公门中无不知法度之人，止因不畏法度，遂至常常干犯。律有如法加等之文，无非使其知所畏耳。试看不畏法度者，贪一时之微利，丧一己之天良。一旦破败，刑辱立至。即使幸免旦夕，而风吹草动，无非惊悸，有不长怀戚戚[3]者乎。吾愿为吏胥者，三复[4]斯言，常从一点畏心，去寻乐境也。

【注】

(1)聪明正直：明朝初年选拔人才的科目之一。

(2)同知：古代官职。指中央部门、地方、军队里的副职。

(3)戚戚：忧虑恐惧的样子。

(4)三复：三遍。经常诵读的意思。

【译】

万钢，字仕坚，南昌人，年轻时曾做过小吏。明代洪武年间，应聪明正直科举荐，高皇帝问："天下什么人快活？"众位推举上来的人的回答都不能让高皇帝满意。万钢从容地回答说："畏惧法度的人快活。"皇帝说："我改一个字，遵守法度的人快活。"随即授予万钢广平府同知。万钢在任上施行仁政，凿石改道，石头上有这样的文字："万钢改路南行。"人们都感到惊奇。广平的百姓为他建了祠堂。（出自《南昌府志》）

畏惧法度，才肯遵守法度。能遵守法度，就会心安理得，灾害一天天远离，睡觉一直安宁。谚语所说"半夜敲门不吃惊"的状态，岂不是最快乐的境界吗？万钢从小在衙门做事，对天理王法，实在有一番体验，所以才能说出这样的话。确实是千古不变的高论。明太祖改了一个"守"字，让人觉得进一步贴近现实。总结其中要紧的地方，全在于“畏”字。衙门里没有不知法度的人，只是因为不畏惧法度，才导致常常触犯法度。法律里有知法犯法罪加一等的条文，无非是让他们知道要畏惧法度罢了。试看不畏惧法度的人，贪取一时的小利，丧失自己天赋的良心。一旦事情败露，刑罚的制裁立刻到来。即使幸免于旦夕，但一有风吹草动，无不惊恐心跳，有不在心里时常感到忧虑恐惧的人吗？我希望做吏员的人，反复诵读这句话，时常遵从一点畏惧之心，去追寻快乐的境界。

洪武永乐间，苏郡有人，为嘉定县吏。其乡人以事诖误[(1)]至县，潜白吏，求助直[(2)]之。吏曰，今自郡守，下至县首领官，皆廉公奉法。吾曹亦革心戒谨，敢私出入文牍耶。然若事既直[(3)]，汝第公庭实对，决无枉理。后果获昭雪，乡人感吏情，以米二石馈之。吏坚辞，乡人不肯持去。吏乃曰，吾为乡曲[(4)]故，为君受一斛。其人别去。后半载，吏假归，以原粟奉还乡人之母曰，此若儿向寄我处，今以还母。【近古录】

有理之讼，一入衙门，吏胥方故为恐吓，或因以为功，或探官长之意，以神其招揽需索之计，此衙门人惯技也。兹独开心见诚，劝其以实具对，又慰以官长必无枉理。如此举止，何等光明正大。惟其事前绝无所为，故事后亦坚不受谢。盖始终一点主持公道之良心耳。衙门中得如此者数人，愚懦之受害者少矣，吏胥之造福者亦多矣。

【注】

(1)诖〔guà〕误：连累。

(2)直：申冤。

(3)直：有理。

(4)乡曲：乡亲。

【译】

明代洪武、永乐年间，苏郡有一个人，做嘉定县的衙门小吏。他的一个老乡因为一件事受到连累到了县里，偷偷地对这位小吏陈述事情的由来，请求帮助他申冤。小吏说："如今从郡守，下到县里的首领官员，都廉洁奉公守法。我们这些人也洗心革面，小心谨慎，哪敢私自改动文书呢？但是如果事情本来就是有理的，你只需在公堂上如实对答，绝没有被冤枉的道理。"后来果然洗清了冤屈。老乡感激小吏的情意，拿两石米送他。小吏坚决推辞，老乡死活不肯拿走。小吏就说："我因为老乡的缘故，看在你的面子上接受一斛。"那个人告辞而去。后来过了半年，小吏休假回家，把原原本本的米还给了老乡的母亲，说："这是你儿子从前寄放在我那里的，如今拿来还给母亲。"　　　　（出自《近古录》）

本来有理的官司，一到了衙门，小吏们就故意恐吓。有的是凭借这个立功，有的是试探长官的意图，以显示自己招揽案子索要钱财计谋的神奇。这是衙门里人惯用的伎俩。唯独这个小吏以诚相见，劝他以实话对答，又用长官一定不会冤枉的道理安慰。这样的举止，何等光明正大。只因为他事前绝没有做什么，所以事后也就坚决不接受感谢。就因为始终有一点主持公道的良心罢了。衙门里，能得到这样的几个人，愚懦的受害者少了，造福的吏员也就多了。

郑牢，广西府吏。凡镇帅初至，土官率馈献为故事[(1)]。帅受之，即为所持。征蛮将军山云始至，闻牢刚直。召问曰，馈可受乎。牢曰，洁衣被体，一污不可湔[(2)]，将军新洁衣也。云曰，不受，彼且生疑，奈何。牢曰，黩货[(3)]法当死。将军不畏天子法，乃畏土夷乎。云曰，善。尽却馈献，严驭之。由是土官畏服，调发无敢后者。牢尝逮[(4)]事征夷将军韩观。观醉，辄杀人。牢辄留

之，醒乃以白。牢为士大夫所重，然竟以隶终。【明史】

官衙中于不应受之馈献，因恐人之自疑而亦受之者，大抵皆黩货者，巧于借词之故智[5]也。牢以洁衣为喻，而断之以天子之法，可谓要言不烦矣。具此卓识，平日所以自律者可知。更能存心救人，遇威严好杀之帅，而曲行其保全民命之仁，其功德尤无量也。虽以隶终，而名标青史，流芳百世，食报不已厚乎。

【注】

(1)故事：惯例。

(2)湔〔jiān〕：洗去污垢。

(3)黩货：贪污纳贿。

(4)逮：赶上。

(5)故智：曾经用过的计谋；老办法。

【译】

郑牢，广西府的小吏。但凡镇守的大帅刚到任，当地的官员大都要奉送礼物已成惯例。大帅接受了礼物，就被这些地方官员所挟持。征蛮将军山云刚到任的时候，听说郑牢刚强正直，就把他招来问道："礼物可以接受吗？"郑牢说："干净的衣服穿在身上，一旦弄脏了就不能洗去污垢，将军是新穿上的干净衣服。"山云说："不接受，他们将会起疑心，怎么办呢？"郑牢说："贪污纳贿按照法律当判死罪。将军不畏惧天子的法律，而畏惧当地的蛮夷吗？"山云说："说得对。"于是一概拒绝了奉送的礼物，严格地管理当地的官员。从此当地的官员都畏惧服从山云，接受调遣没有敢落后的。郑牢曾经赶上侍奉征夷将军韩观。韩观一喝醉酒，就要杀人。郑牢总是留下来，韩观酒醒以后就把实情告诉他。郑牢被士大夫

所敬重，但最后只以小吏的身份终身。（出自《明史》）

衙门里对不应接受的奉送来的礼物，因为怕别人对自己起疑心而接受了的情形，大都是贪污纳贿的人，善于找理由做借口的老计谋。郑牢用干净的衣服做比喻，并且拿天子的法律做评判，可谓要言不烦。具有这样高超的见识，平时拿这些自律的情形可想而知。更能够存心救人，遇到威严好杀的将帅，婉转地施行他保全百姓性命的仁义，那功德更是无量。虽然以小吏的身份终身，但名标青史，流芳百世。受到的报答不是已经很丰厚了吗？

杨旬，夔州吏。子椿，年二十四，大魁[(1)]天下。太守命旬解职，旬曰，念旬为吏四十年，家无余赀[(2)]，惟留下三个悭囊[(3)]，乞取来开看。第一个，有三十九文大钱。第二个，有四千余文中钱。第三个，有万个小钱。太守问故。曰，每论狱囚，遇有入轻为重[(4)]者，从死罪请改流罪，即投一大钱。从流罪请改杖罪，即投一中样钱。从杖罪改放，便投一小钱。今日旬男中天下都魁，皆此悭囊所积也。尚敢舍公门而自放逸哉。【感应篇注】

按狱[(5)]问罪，主张原在官司[(6)]，然承行之吏，苟肯悉心体究，亦可以助官司所不及察。杨公为吏，将所平反罪囚，逐一登记。足知其四十年中，孜孜汲汲[(7)]，以此为事，苟可矜全，不惜心力，故能积至一万数千之多。名曰悭囊，所得多矣。彼同时之吏，必有舞文骫法[(8)]，溪刻[(9)]是尚者。钱财虽可饱囊，罪孽擢发难数。与此悭囊，直是人鬼关头，岂止祸福分途而已耶。

【注】

(1)大魁：科举考试殿试第一名称“大魁”，即状元。

(2)赀〔zī〕：钱财。

(3)悭囊：聚钱器，即扑满。口小，钱易入不易出，所以称“悭囊”。

(4)入轻为重：该判轻刑的判了重刑。

⑸按狱：断案。

⑹官司：官员。

⑺孜孜汲汲：勤勉不懈的样子。

⑻骫〔wěi〕法：枉法。

⑼溪刻：刻薄、苛刻的意思。

【译】

杨旬，夔州府小吏。儿子杨椿，二十四岁时考中了状元。太守让杨旬解职时，杨旬说："看在我做小吏四十年，家里没有多余的钱财，只留下三个悭囊的份上，请求拿来打开让您看一看。"打开时，第一个，里边有三十九文大钱；第二个，里边有四千多文中钱；第三个，里边有一万个小钱。太守问其中的缘故，杨旬说："每次给牢里的囚犯定罪时，遇到应该判轻刑却判了重刑的，从死罪请求改为流放罪的，就往里投一枚大钱；从流放罪请求改为杖击罪的，就往里投一枚中等钱；从杖击罪请求改为释放的，就往里投一枚小钱。如今我的儿子考中天下第一，都是这悭囊积的德。还敢离开衙门自我放纵吗？"（出自《感应篇注》）

断案定罪，拿意见的原本是官员，但是具体承办的小吏，如果肯用心体察考究，也可以对官员体察不到的地方给以帮助。杨旬公做小吏，将所平反的囚犯，逐一登记。足以知道他四十年当中，勤勉不懈，把这个当作自己的分内之事，如果能对囚犯怜惜保全，绝不吝惜心力。所以能积累到一万几千个钱之多，名叫"悭囊"，其实所得到的很多。那些同时的小吏，一定有舞文弄法，只崇尚苛刻的人。钱财虽然可以装满钱袋，罪孽擢发难数。与这个"悭囊"，简直是人和鬼的转折点，哪里只是祸与福的岔路口罢了呢？

曾仍，字弘宗，福建莆田人。六岁失怙[1]，日夜泣，水浆不入口。比长，礼度循习。应辟为藩臬[2]从事[3]，矢心任公，持法惟谨。方伯[4]廉访而下，咸器爱之。既事，得冠带，待次[5]铨曹[6]。时知府林慈、知县张朝、教谕黄暹，相继客死于京。仍悉为之棺殡，经纪仓猝，而不愆于礼。教谕病且革[7]，囊白金三十二两，置仍袖中。曰，仆辈非所托，其幸藏诸。时无复与闻者，仍以虞患不他告。久之，完金授其子曰，此属纩[8]时寄也。乡翰林学士林瀚庵闻之，嘉其谊，语同列曰，掾之行顾尔，吾儒庸有弗及者乎，遂相与定交。任浙江小鹿巡检，属[9]岁饥，民多亡匿为盗。仍安辑[10]劳来[11]，伺其长而尤者，还致之。发摘[12]如神，盗用遁去，境赖以不扰。越三岁，致政而归。　　【掾曹名臣录】

居家而孝，从事而忠。人方攫金，此独还金，不欺暗室[13]之中，克敦友朋之谊。居然圣贤一路人，林学士谓吾儒有弗及，信然。

【注】

(1)失怙：指死了父亲。

(2)藩臬〔niè〕：藩司和臬司。明清两代的布政使和按察使的并称。

(3)从事：官名。

(4)方伯：地方长官。

(5)待次：旧时指官吏授职后，依次按照资历补缺。

(6)铨曹：主管选拔官员的部门。

(7)革：通“亟”，危急。

(8)属纩〔kuàng〕：把新棉放在临死者鼻子前，观察其是否断气。指临终。

(9)属：正好遇到。

(10)安辑：安抚。

(11)劳来：劝勉、安慰。

(12)发摘：检举揭发。

⒀暗室：特指别人看不见的地方。

【译】

曾仍，字弘宗，福建莆田人。六岁时，父亲去世，曾仍日夜哭泣，连水也不喝一口。等到长大以后，一切遵循沿袭下来的礼法。接受征召做了布政使和按察使的从事，衷心承担公事，执法非常严谨。长官们下去考察，都器重喜欢他。事情完成以后，曾仍得到了官职，等候铨曹依次按照资历补缺。当时知府林慈、知县张朝、教谕黄暹，相继客死于京城。曾仍都替他们置办棺木出殡，尽管办理得仓促，但没有违反礼仪。教谕生病而且很危重的时候，口袋里装了三十二两白金，放到曾仍的袖子里，说："随从们都不是我能托付的人，幸运的是可以保管在你这里。"当时没有再听到这句话的人，曾仍因为害怕带来祸患也没有告诉其他人。过了很久，曾仍把原原本本的金子交给了教谕的儿子，说："这是你父亲临终前寄放在我这里的。"同乡翰林学士林澹庵听到这件事，十分赞许他的行为，对同僚们说："掾吏的品行看他就知道了。我们这些读书人怎么还有不及他的呢？"于是和曾仍结为朋友。曾仍任浙江小鹿巡检，正好赶上灾年，不少百姓逃走躲藏起来做了强盗。曾仍对他们进行安抚、劝勉，发现年长而又品行优异的就让他们回来安顿他们的生活。举发盗贼十分准确，有如神助。盗贼们纷纷逃走，小鹿境内凭着曾仍不受骚扰。过了三年，曾仍辞官回到家乡。（出自《掾曹名臣录》）

居家时孝敬，做从事忠心。别人正想方设法攫取金钱，这个人单单把钱还给人家。在别人看不到的地方也不骗人，把朋友间的友谊看得很重。显然是圣贤一路的人。林学士说我们这些读书人有不及他的，确实如此啊！

广东吏张褧，以诖误[1]为布政使陈选所黜革。时番禺知县高瑶，发市舶[2]太监韦眷通番赃巨万，选以闻诸朝。眷挟恨，因诬奏选、瑶朋比为贪墨。诏遣刑部员外李行，同巡按御史徐同爱，讯之。眷意褧必怨选，引令诬证，褧坚不从。执褧拷掠，终无异词。行、同爱畏眷，竟坐选如眷奏，与瑶俱被征。途中选病，行阻其医药，竟卒。褧闻选死，上书为选讼冤。其略云，臣本小吏，诖误触法。被选黜罢，实臣自取。眷意臣憾选，厚赂啖[3]臣。臣虽胥役，敢昧素心。眷知臣不可诱，嗾行等逮臣致理，拷掠弥月。臣忍死吁天，终无异口。行等乃依傍眷语，文致其词。选故刚正，不堪屈辱。愤懑旬日，婴疾[4]而殂。行幸其殒身，阻其医疗，讫命之日，密走报眷。小人佞毒，一至于此。臣摈黜罪人，秉耒田野，百无所图。诚痛忠良含屈，而为圣朝累也。书虽不报，天下高其义。

【同上】

官衙胥吏，凡被官司责革者，官司去任，摘其短而飞诬[5]之。此中岂复有是非公论耶。褧被选黜，及选被诬，引褧为证，以常情论，此正可报怨之时，况重以中官之权势乎。乃褧诱之以利不动，胁之以刑不改，且侃侃正论，为选身后讼冤。彼李行、徐同爱，固所称士大夫也。而枉法媚奄[6]，颠倒曲直，有愧于褧多矣。褧以被黜小吏，所上一书，载在正史，奕世传诵。岂非伟然丈夫耶。

【注】

(1)诖误：贻误；连累。

(2)市舶：古代中国对中外互市商船的通称。亦指海外贸易。这里是市舶司的简称。

(3)啖〔dàn〕：同“啖”。拿利益引诱人。

(4)婴疾：患病。

(5)飞诬：突然而来的诬陷。

(6)奄〔yān〕：同“阉”，指宦官。

【译】

广东小吏张褧，因为受别的事情连累被布政使陈选革职。当时番禺知县高瑶，揭发市舶太监韦眷里通外国，获赃款极多，陈选把这个情况报告了朝廷。韦眷心怀怨恨，就上奏诬陷陈选和高瑶相互勾结大行贪污之事。皇帝下诏派遣刑部员外李行，会同巡按御史徐同爱，审讯陈选和高瑶。韦眷想张褧一定怨恨陈选，拉他来让作伪证，张褧坚决不答应。他们把张褧抓起来严刑拷打，但张褧始终不改口。李行和徐同爱害怕韦眷，最终按韦眷上奏的那样给陈选定了罪，和高瑶一起被召回京城问罪。途中陈选生病了，李行阻止他求医问药，最终死在了路上。张褧听说陈选死了，上书替陈选申辩冤屈，大概内容是说：我本来是一个小吏，受连累触犯了法律，被陈选免职，实在是我自取。韦眷料想我怨恨陈选，用很重的贿赂引诱我。我虽然是个小吏，却不敢昧了良心。韦眷知道我不可引诱，就唆使李行等人把我抓起来审讯，拷打了整整一个月。我挣命向老天喊冤，始终没有改口。李行等人就依照韦眷的话，玩弄文字编织罪名。陈选一贯刚直不阿，不能忍受屈辱，气愤了十几天，患病而死。李行希望他死去，阻止他医治。完成使命那一天，偷偷跑去报告韦眷。小人奸佞狠毒，竟然到这个地步。我是一个被罢免的罪人，在田野里扶犁耕作，没有一点谋求，确实是为忠良含冤，成为圣朝的忧患而感到痛心。上书虽然没有得到回复，但天下的人都敬重他的义节。　　**（出处同上）**

衙门里的小吏，但凡被上司处罚撤职的，上司去任后，就会挑出他的短处诬陷他。这里边哪还有什么是非公论呢？张褧被陈选撤职，等到陈选被诬陷的时候，拉来张褧作证。按一般的情理来说，这正是可以报复仇怨的时候，更何况还有朝廷官员权势的重压呢？但是张褧用利益引诱他不动摇，用刑罚胁迫他不改主意，而且慷慨激昂地发表议论，替陈选在死后申辩冤屈。那李行、徐同爱，本来是所说的士大夫，但是歪曲法律，献媚宦官，颠倒是非，有愧于张褧太多了。张褧以一个被撤职的小吏身份，所上奏的一份文书，记载在正史里，代代传诵，难道不是一个伟丈夫吗？

万历间，增城县狱卒名亚獶者，素称朴健。值腊月逼除[1]，狱有重囚五十余人，号哭不止，声闻于外。亚獶亟止之，问其故。众曰，岁朝[2]将临，合邑之人，无不完聚。我等各有父母妻子，不能相见。且系重犯，势不可出。是以悲耳。亚獶俯首良久曰，无难也。我与尔等约，今夕各还尔家。俟正月二日，齐来赴狱。我释尔，罪应死。尔俱不来，我亦死。尔来而或失一人，我亦死。尔人人来，我至寿尽亦死。等死耳，何如行此善事而死也。是时法网阔疏，且值改岁，不甚严稽。悉放回家。明年初二日，前囚陆续而至。按名呼入，不失一人。亚獶鼓掌大笑曰，善哉。遂趺坐[3]而逝。狱众感德，浣濯其体而加漆焉。以其事言于县。县上巡按御史，请为县狱之神。今肉身尚在狱中。

【觚賸】

以狱卒而纵囚，虽不可为训，然其轻视一己之死，而切于救众人之死，则固仁人义士之所存心也。以视凌虐囚徒，因而为利者，何啻什伯[4]哉。

【注】

(1)逼除：指年终逼近除夕的几天日子。

(2)岁朝：阴历正月初一。

(3)趺〔fū〕坐：盘腿端坐。

(4)什伯：超过十倍、百倍的意思。

【译】

万历年间，增城县有一个叫亚獶的狱卒，一向朴实刚健。正值腊月逼近除夕，监狱里有五十多个重犯，痛哭不止，声音在监狱外都能听到。亚蘯赶忙去阻止，问他们什么缘故。众人说：“正月初一快要到了，全县的人，无不合家团聚。我们这些人各自都有父母妻子儿女，不能相见。而且是重犯，肯定不能出去。所以悲痛啊！”亚蘯低下头好久说：“没有什么难的。我和你们约定，今天晚上各自回到你们家里。等到正月初二，一齐回到监狱。我释放了你们，按罪过应判死刑。你们都不回来，我也是死。你们回来了但或许少了一个人，我也是死。你们每一个人都回来了，我到了寿数尽时也是死。都是死罢了，哪如做这个善事而死呢？”当时法网粗疏，而且正赶上过年，稽查得不很严，就都释放回家。第二年初二，前边释放的囚犯陆续到来，按照名字叫进来，没有少一个人。亚蘯拍手大笑说：“好啊！”于是盘腿坐在地上去世了。监狱里的人被他的德行感动，就把他身体清洗干净并且用刷过油漆的布包裹好。又把这件事告诉了县衙，县里上报巡按御史，请求把他作为县狱之神。到今天肉身还在监狱里。

（出自《觚賸》）

凭着狱卒的身份释放囚犯回家，虽然不能作为效法的法则，但他轻视个人的生死，而对挽救别人的死表现得十分恳切，这本来就是仁人义士应有的心地。拿这个再去看那些虐待囚犯，从而谋利的人，何止是超过十倍百倍呢？

戒录

张汤，杜陵人。父为县吏。汤为儿时，守舍。鼠盗肉，汤掘得鼠，掠治[1]讯鞫，取鼠磔[2]堂下。父视其文辞，如老狱吏。大惊，遂使书狱[3]。父死后，汤为长安吏，迁太中大夫[4]，与赵禹共定律令，务在深文。为廷尉[5]，治狱必舞文巧诋。深刻吏多为爪牙用。汤始为小吏，干没[6]，与长安富贾交私。及列九卿，阳收接天下名士。巧排大臣，自以为功。为御史大夫七年。有罪自杀。

【汉书】

张汤为酷吏之首。其深刻残猛，自儿时已然。虽若出于天性，要因其父生平作吏，务以刀笔为事。汤耳濡目染，不觉习惯成自然也。磔鼠之举，已见后来残酷之端。父不闻有义方[7]之训，反使书狱以宠异之。遂致舞文巧诋，卒杀其身而不悔也。

【注】

(1)掠治：拷打的意思。

(2)磔〔zhé〕：分裂牲畜肢体。后指古代一种把肢体分裂的酷刑。

(3)书狱：书写狱词。

(4)太中大夫：官名，掌管议论。

(5)廷尉：官名。秦代开始设置，九卿之一，掌管刑狱。

(6)干没：侵吞他人财物。

(7)义方：行事应该遵守的规范和道理。后多指教育子女的正道。

【译】

张汤，杜陵人。父亲做县衙里的吏员，张汤还是小孩子的时候，在家看门。老鼠偷吃了肉，张汤挖地捉住老鼠。拷打审讯，在厅堂的台阶下把老鼠的肢体分裂。父亲看他所写的断案文字，像个老狱吏，大为惊奇，于是让他到衙门里书写诉讼文书。父亲死后，张汤做了长安吏，后来升为太中大夫。和赵禹共同制定法律，务必使条文苛细严峻。做廷尉，审理案件一定玩弄文字、巧妙诋毁。严峻苛刻的小吏大多作为爪牙来使用。张汤开始做小吏时，侵吞他人财物，和长安的富商暗中勾结。等到名列九卿，表面上收揽接纳天下名士，暗中巧妙排挤其他大臣，自以为有功。做御史大夫七年。犯了罪自杀。（出自《汉书》）

张汤是酷吏之首。他的严峻苛刻、残暴凶猛，从小孩子时就是这样。虽然好像是出于天性，但主要是因为他的父亲一生做吏员，致力于凭诉讼文字做事。张汤耳濡目染，不知不觉习惯成为自然。分裂老鼠肢体的行为，已经表现出后来残酷的端倪。父亲不听教育子女走正道的古训，反而让他书写诉讼文书而给予特殊的宠爱。于是导致他玩弄文字、巧妙诋毁，最终自杀其身而不知悔改。

赵禹，斄人也。以佐史补中都官[(1)]，用廉为令史，事太尉周亚夫。亚夫为丞相，禹为丞相史。府中皆称其廉平，然亚夫弗任，曰，极知禹无害[(2)]，然文深不可以居大府[(3)]。武帝时，以刀笔吏积劳，迁为御史，至中大夫。与张汤论定律令。作见知[4]，吏传相监司以法尽自此始。禹为人廉倨。为吏以来，舍无食客。公卿相造请[5]，禹终不行报谢。务在绝知友宾客之请，孤立行一意而已。见法辄取，亦不覆案[6]，求官属阴罪[7]。尝中废，已为廷尉。始条侯[8]以禹贼深，及禹为少府[9]九卿，治加缓，名为平。以老徙为燕相，有罪免。

【同上】

禹为丞相史，府中既称其廉平，独周亚夫谓文深不可任，真至言也。观其历跻通显[10]，秩非不尊，而与张汤辈论定法律，为严刑之始，卒以罪免。亦为法自毙[11]之报也。

【注】

(1)中都官：汉朝时期设置的官职，指京师里的众位官员。

(2)无害：没有能胜过的。

(3)大府：泛指上级官府。

(4)见知：汉代法律，知他人犯罪而不举，以故纵论处。

(5)造请：登门晋见。

(6)覆案：审察，查究。

(7)阴罪：不为人知的罪恶。

(8)条侯：西汉周亚夫的封号。

(9)少府：官名，始于战国。秦汉相沿，为九卿之一。

(10)通显：指高官威名。

(11)自毙：自己仆倒，比喻自遭失败或自受其害。毙，仆倒。

【译】

赵禹，斄县人。以佐史的身份补任中都官，因为清廉又做了令史，侍奉太尉周亚夫。周亚夫做了丞相，赵禹任丞相史。丞相府里的人都称赞他清廉公平，但周亚夫不任用他，说："我非常了解赵禹没有人能胜过他，但他用法苛细严酷，不可以在上级官府里做官。"汉武帝时，因做刀笔吏积下功劳，升任为御史，后来做到中大夫。和张汤讨论制定法律，把知道别人犯罪但不举报，吏员之间相互监察列入法律，全是从这个时候开始的。赵禹为人廉洁孤傲，做吏员以来，家里没有食客。高官们登门造访，赵禹最终也不进行答谢。目的是断绝朋友宾客的造访，独立地按自己的意愿行事。看到法律就采用，也不审察，深究属吏们不为人知的罪行。曾经中途被罢黜，那时已经做了廷尉。最初周亚夫认为赵禹用法苛细严酷，到赵禹做了少府九卿，处理事情变得平缓，人们称他为平和。因为年纪大调任燕国丞相，后来因为犯了罪被免职。　（出处同上）

赵禹做丞相史，丞相府里的人都已称赞他清廉公平，唯独周亚夫说他运用法律苛细严酷不能重用，真是高明的言论。看他历次登上高官显名的位置，级别不是不尊贵。但是和张汤之流讨论制定法律，是严酷法律的开始。最终因犯罪被免职，也是制定法律而自受其害的报应。

严延年，字次卿，东海下邳人。其父为丞相掾。延年少学法律，为郡吏。补御史掾，举侍御史。为涿郡太守，所诛杀甚众，郡中震恐。三岁，迁河南太守。其治阴鸷[(1)]酷烈，曲法深文。冬月，传属县囚，会论[(2)]府上，流血数里。河南号曰屠伯[(3)]。左冯翊[(4)]缺，上欲征延年，符已发，为其名酷，复止。后以府丞义[(5)]，上书奏延年罪名十事。下御史丞按验，坐[(6)]怨望[(7)]诽谤政治，不道[(8)]，弃市[(9)]。初延年母从东海来，到雒阳[(10)]，适见报囚，大惊。因数责[(11)]延年曰，幸得备郡守，专治千里。不闻仁爱教化，有以全安愚民。顾乘刑罚，多杀人以立威。天道神明，人不可独杀[(12)]。我不意当老，见壮子被刑戮也。行矣，去汝东归，埽除墓地耳。遂去归郡。后岁余，果败。　【同上】

残酷性成，真与业屠者无异。一死不足以快天下之心，独惜其母贤智若此，而不能化诲其子也。伤哉。

【注】

⑴阴鸷〔zhì〕：狠毒、阴险。

⑵会论：会同判决罪犯死刑。

⑶屠伯：屠夫。

⑷左冯翊〔yì〕：官名，也是行政区名。为汉代三辅之一。汉时将京兆尹、左冯翊、右扶风称三辅，即把京师附近地区归三个地方官分别管理。

⑸义：人名。

⑹坐：定罪。

⑺怨望：怨恨。

⑻不道：无道，胡作非为。

⑼弃市：本指受刑罚的人在街头示众，民众共同鄙弃，后专指死刑。

⑽雒〔luò〕阳：即洛阳。

⑾数责：斥责，责备。

⑿独杀：意思是只杀他人，而不被人杀。

【译】

严延年，字次卿，东海郡下邳人。父亲做过丞相的属吏。严延年少年时就学习法律，做了郡里的吏员，后补任御史的属吏，又被选用为侍御史。后来做涿郡的太守，被他杀戮的人非常多，郡里的人大为惊恐。过了三年，调任河南郡太守，他的治理阴险残酷，歪曲法律，运用法律苛细严酷。有一年冬天，传讯所属县里的囚犯，集中到郡府判处死刑，一时流血数里。河南郡的人给他起了个外号叫“屠伯”。左冯翊的职位空缺，皇帝想征召严延年，文书已经发出。因为他以残酷著名，又停止了。后来因为府丞义给皇帝上书，举报严延年有十件罪行。皇帝让御史丞查验，结果给他定了怨恨诽谤朝廷政治、胡作非为的罪名，被处以死刑。当初严延年的母亲从东海郡来，到了洛阳，正好看见处决囚犯，非常震惊。于是斥责严延年说："你有幸充数当了郡守，独自治理方圆千里之地。不听说对百姓仁爱教化，以使百姓保全平安，反而借助刑罚、多杀人来树立自己的威信。天道神明，人不可能只杀别人，而不被别人杀。我没有想到在年老的时候，还要看到壮年的儿子身受刑戮。我走了！离开你，回到东边的家乡，去打扫墓地了。"于是离去回到东海郡。后来过了一年多，严延年果然出事了。（出处同上）

残酷成性，真和以屠宰为职业的人没有不同。他一个人死不足以使天下的人心快意，单单可怜他的母亲这样贤良智慧，却不能感化教诲她的儿子。令人伤心啊！

陈万年，字幼公。沛郡相人。为郡吏，察举[1]至县令，迁广陵太守，入为右扶风[2]，迁太仆[3]。万年廉平，内行修。然善事人，赂遗[4]外戚许史，倾家自尽。以丙吉荐，为御史大夫。子咸，字子康，以任为郎。有异材，抗直数言事，刺讥近臣。万年尝病，召咸教戒于床下，语至夜半。咸睡，头触屏风。万年大怒，欲杖之。咸叩头谢曰，具晓所言，大要教咸谄也。万年乃不复言。

【同上】

万年自郡吏以至九卿，皆以谄谀得之。虽富贵终身，龌龊[5]实甚。尚欲以衣钵[6]传授其子，真不知人间有羞耻事者矣。得志一时，贻笑万世，自好者不为也。

【注】

⑴察举：中国古代选拔官吏的制度，由官吏荐举，经过考核，任以官职。

⑵右扶风：官名。见“左冯翊”。

⑶太仆：官名。

⑷赂遗：以财物赠送或买通他人。

⑸龌龊：卑鄙，丑恶。

⑹衣钵：原指佛教中师父传授给徒弟的袈裟和钵，后泛指传授下来的思想、学问、技能等。

【译】

陈万年，字幼公，沛郡相县人。做郡府吏员，后经选拔做到县令，又升任为广陵太守，后进入朝廷当了右扶风，又晋升为太仆。陈万年廉洁公平，内在品行端正。但善于奉承人，贿赂外戚许氏、史氏，用尽家产。因为丙吉的举荐，做了御史大夫。儿子陈咸，字子康，被任用为郎官。陈咸有出众的才能，刚强正直，多次向皇帝进言，讽刺皇帝亲近的大臣。陈万年曾经病了，把陈咸叫到床边教导训诫，说到半夜，陈咸打瞌睡，头碰到了屏风。陈万年大怒，想用拐杖打他。陈咸叩头认错，说：“您所说的话我都明白了，要领就是教我奉承讨好人。”陈万年才不再说话了。

（出处同上）

陈万年从郡府的吏员最后做到九卿，都是因为阿谀奉承得到的。虽然富贵终身，但实在是太卑鄙了。还想把自己的衣钵传给儿子，真是不知道人间还有羞耻之事的人。得志一时，贻笑万世。洁身自好的人是不这样做的。

王温舒，阳陵人。少时椎埋[1]为奸，已而为吏。以治狱至廷尉史，事张汤。迁为御，督盗贼，杀伤甚多。稍迁至广平都尉，择豪吏十余人为爪牙，皆把其阴重罪，纵使督盗贼，快其意所欲得。迁河内，捕郡中豪猾，相连坐千余家。上书请大者至族[2]，小者乃死，家尽没入偿赃。温舒具私马五十疋[3]为驿，自河内至长安，奏行不过二日，得可[4]论报[5]。流血十余里，其好杀行威如此。张汤败后，徙为廷尉，复为中尉。温舒多谄，善事有势者。即无势，视之如奴。有势，家虽有奸如山，弗犯。无势，虽贵戚，必侵辱。舞文巧请，所穷治，大抵皆糜烂狱中，无出者。其爪牙吏虎[6]而冠[7]，多以权富贵。后有人告温舒受员骑钱，及他奸利事。罪至族，自杀。其时两弟及两婚家[8]，亦各自坐他罪而族。光禄勋[9]徐自为曰，悲夫，古有三族，而王温舒罪，至同时而五族乎。温舒死，家累千金。【同上】

温舒本无赖惨刻之人，又复为吏以事张汤，得以逞其惨刻之技。杀人至流血十余里，为自古所未有。其身死家灭，且同时五族。获报之惨，亦自古所未有也。惨刻之人，岂可一日在公门以肆其毒耶。

【注】

(1)椎〔chuí〕埋：盗墓。

(2)族：灭族。把家族成员全部处死。

(3)疋〔pǐ〕：同“匹”。

(4)得可：获得许可。

(5)论报：指定罪判刑。

(6)虎：比喻残酷凶暴。

(7)冠：居第一位。

(8)婚家：亲家。

(9)光禄勋：官名。

【译】

王温舒，阳陵人。小的时候就干挖坟掘墓一类的坏事，后来做了吏员。靠审理案件做到廷尉史，侍奉张汤。后来升任为御史，负责惩治盗贼，杀伤好多人。逐渐升至广平都尉，他挑选十多个强横的吏员作为爪牙，手里全部掌握他们不为人知的严重罪行，放纵他们负责惩办盗贼，来满足他心里想要得到的东西。后来升任河内郡太守，缉捕郡里强横狡猾的人，一千多人家连带受罚。向皇帝上书请求罪行严重的灭族，罪行轻微的就判死罪，家里的财产全部没收偿还赃款赃物。王温舒配备私人马匹五十匹设立驿站，从河内到长安，奏书送走没超过两天，所定之罪就得到了皇帝的批准，于是血流千里。他的嗜好杀人大行威风就是这样。张汤落败后，转任廷尉，后来又做了中尉。王温舒过于谄媚，善于侍奉有权势的人，假如一旦没有权势，就像奴仆一样看待他们。如果有权势，家里即使有山一样多的罪恶，也不加冒犯；如果没有权势，即使是贵戚，也一定去侵犯侮辱。玩弄法律条文，巧妙地向上请求定罪，他所追究到底的人，大体都惨死在监狱里，没有出来的。他手下的爪牙吏卒都残暴至极，大多靠以权谋私而大富大贵。后来有人告发王温舒接受员骑的钱，以及其他非法谋取利益的事，罪行达到灭族，王温舒自杀。当时他的两个弟弟和两个亲家，也各自定了其他罪名被灭族。光禄勋徐自为说："可悲啊！古代有灭三族的先例，而王温舒的罪行到了同时灭五族呀！"王温舒死后，家里的财产值千金之多。（出处同上）

王温舒本来就是无赖残暴的人，又加上做吏员侍奉张汤，能够施展他残暴的手段。杀人到血流十几里，是自古未有的。他身死家灭，而且被同时灭五族。得到报应的悲惨，也是自古未有的。残暴的人，哪能让他在衙门里在一天而随意施展他的凶残呢？

尹齐，东郡茌平人。以刀笔吏，稍迁至御史，事张汤，督盗贼，以斩伐为治。为淮阳尉，诛灭甚多。及死，仇家欲烧其尸。【同上】

在公门中，纵不能有恩惠于人，且勿结仇怨于人。尹齐死后，至不能保其尸。怨毒之于人甚矣。

【译】

尹齐，东郡茌平人。以刀笔吏的身份逐渐升至御史，侍奉张汤。负责查办盗贼，把杀人作为治理的办法。做淮阳县尉，杀人特别多。到死了以后，仇人想焚烧他的尸体。（出处同上）

在衙门里，即使不能对别人有恩惠，但应当不要与人结仇怨。尹齐死了以后，以致不能保住自己的尸体。仇恨对于人们来说太深重了。

咸宣，扬人。以佐史给事[(1)]河东守，稍迁至御史及丞。治淮南反狱，所以微文深诋，杀者甚众。后为右扶风，捕吏上林[(2)]中，射中苑门。宣下吏[(3)]，坐大逆，当族。自杀。【同上】

捕吏，公事也。射中苑门，无心之过也。情轻法重，至坐大逆之罪。盖缘生平好为深文，每将公事中偶然过误，煅炼[(4)]成狱。故天亦以此报之耳。

【注】

(1)给事：侍奉。

(2)上林：指上林苑。汉代宫苑名。

(3)下吏：交给法吏审理。

(4)煅炼：意思是以逼供等高压手段，陷人于罪。

【译】

咸宣，扬郡人。以佐史的身份侍奉河东太守，逐渐升至御史、御史中丞。平定淮南谋反案件时，援引苛细的法律条文极力诬陷人，被杀的人特别多。后来做了右扶风，到上林苑里抓捕他的属吏，射箭时射中了上林苑的门。因为这件事咸宣被交给法官审理定罪，按罪行应当灭族。咸宣畏罪自杀。

（出处同上）

抓捕手下的属吏，是公事。射中苑门，是无意中的过错。情节轻微但犯法的性质很严重，以至于被定了大逆的罪名。大概是因为他素来喜欢援引苛细严峻的法律条文，往往将公事中的偶然过失，运用各种手段让人入罪。所以老天也用这个手段报应他。

赵绣，涿郡蠡吾人。为掾吏，涿大姓高氏，宾客为盗贼，吏不敢追。太守严延年，遣绣按高氏，得其死罪。绣见延年新将，心内惧。即为两劾[1]，欲先白其轻者。观延年意怒，乃出其重劾。延年知其如此，索绣怀中，得重劾。即收送狱，杀之。

【同上】

事无两可，法有一定。只须依理持平，自可立身无过。吏人引律查例，往往心怀观望，阴持两端[2]。不明道理，昧却良心。故绣本欲避祸，反以触祸。可鉴也。

【注】

⑴劾：检举揭发罪状。

⑵两端：指游移于两者之间的态度。

【译】

赵绣，涿郡蠡吾县人。做吏员的时候，涿郡大姓高氏的门客做盗贼，吏员们不敢追究。太守严延年派赵绣去调查高氏，获得了他犯死罪的证据。赵绣见严延年是新任的郡守，心里觉得害怕。就写了轻重两份罪状，想先把轻的一份拿来禀告。看到严延年发怒了，就拿出那份重的罪状。严

延年知道他这样做，搜查他的怀里，得到了那份重的罪状。随即把他抓起来送到监狱，杀了他。（出处同上）

事情的处理没有两种可能，因为法律是确定的。只需依照事理保持公平，自然可以立足安身，没有过错。吏员们援引法律、调查案例，往往心里怀有观望的想法，暗中抱有游移于两者之间的态度。不明白道理，昧去良心。所以赵绣本来想避祸，反而遭受灾祸。值得借鉴啊！

陈遵，字孟公，杜陵人。少为京兆史，日出醉归，曹事[1]数废。大司徒马宫，谓为大度士，不以小文[2]责之，举为令。后以击贼有功，封嘉威侯。居长安中，每大饮，宾客满堂，辄关门，取客车辖[3]投井中。虽有急，不得去。遵容貌甚伟，略涉传记[4]，赡于文辞。性善书，请求不敢逆。所到衣冠怀[5]之，唯恐在后。起为河南太守，久之，复为九江，及河内都尉。凡三为二千石。更始[6]至长安，遵为大司马护军。使匈奴还，留朔方，为贼所败，时醉见杀。

【同上】

遵为吏时，以酒废事，既贵不改，卒以醉见杀。其豪俊之才，甚可惜也。耽于曲蘖[7]者，当知所儆惕[8]矣。

【注】

(1)曹事：官署分科掌管的事务。

(2)小文：法令细节的意思。

(3)辖：插在轴端孔内的车键，使轮不脱落。

(4)传记：经书的注释。

(5)怀：想，思慕。

(6)更始：指更始帝刘玄。

(7)曲蘖〔niè〕：代指酒。

(8)儆惕：戒惧。

【译】

陈遵，字孟公，杜陵县人。年轻时做京兆尹的属吏，每天出去饮酒，酒醉后才回来，多次耽误所分管的事。大司徒马宫，称他为“大度士”，不因为小的细节责罚他，还推举他为县令。后来因为攻打贼寇有功，封为嘉威侯。住在长安城里，每次举行大的酒宴，宾客满堂，总是关上门，把宾客的车辖取下扔到井里。宾客即使有急事，也不能离去。陈遵容貌壮美，粗略涉猎经书传记，写文章文辞丰富。生性擅长书法，别人请他写字他从不拒绝。每到一个地方，人们都想一睹他的衣着风采，唯恐落在后边。被起用为河南太守，过了很长时间，又做了九江及河内都尉，总共三次担任俸禄二千石的职务。更始帝到长安，陈遵做了大司马护军，出使匈奴回来，留在朔方，被贼寇打败，当时正喝醉了酒，被杀害。

（出处同上）

陈遵做吏员的时候，因为喝酒耽误事，地位尊贵以后依然不改，最终因为醉酒被杀。他的豪俊之才，非常可惜啊。沉湎于饮酒的人，应当知道警诫畏惧了。

王立，池阳人。为狱掾，县令举立廉吏，府未及召，太守薛宣，闻立受囚家钱。责县案验，乃其妻独受系者钱万六千。受之再宿[(1)]，立实不知。惭恐自杀。

【同上】

狱掾之妻，亦有受赃之事。足见狱中人，号呼望救，百计营求，千古一辙也。立失于不知，惭恐自杀，则其真廉也可知。为吏者不但检束自己，并须防闲[(2)]家人，共知法守，乃免于刑祸。

【注】

(1)再宿：两夜，借指两天。

(2)防闲：防备。

【译】

王立，池阳县人。做狱吏，县令推举王立为廉吏，郡府还没来得及征召他，太守薛宣听说王立收受囚犯的钱财，责令县里查证。原来是他的妻子独自收受被拘禁的人的钱六千万，收受只过了两天，王立确实不知道。王立因羞愧恐惧而自杀。（出处同上）

狱吏的妻子，也有受贿的事。足以说明监狱里的人，哀号哭喊希望得到救助，千方百计寻找能帮助的人，自古以来都是一样的。王立的过失在于不知情，羞愧恐惧而自杀，就可以知道他是真的廉洁。做吏员的人不但要检点约束自己，而且须防备家人，共同知晓按照法律履行职守，才能免受灾祸。

韩安国为梁中大夫，坐法抵罪，狱吏田甲困辱之。安国曰，灰死不复燃乎。田曰，燃即溺之。后安国为内史，田亡匿。韩曰，田不就官，我灭尔宗。田肉袒[1]谢，卒善遇之。【同上】

遇人在患难中，即使死灰无复燃之日，亦当加意[2]存恤，况屈伸何定，始困终亨，不可胜数。奈何止知目前可逞，不复留人余地耶。幸是大量人，不计旧怨，反善遇之。然相形之下，益觉前日之小人情状，无地自容矣。

【注】

(1)肉袒：脱去上衣，裸露肢体。古人在祭祀或谢罪时以此表示恭敬或惶恐。

(2)加意：特别留意，非常留心。

【译】

韩安国做梁国中大夫，因为犯法而受到处罚，狱吏田甲刁难侮辱他。韩安国说："死灰就不能复燃了吗？"田甲说："复燃了就用水浇灭它。"后来韩安国做了内史，田甲逃跑躲藏了起来。韩安国说："田甲要不回来就任官职，我就灭了你的宗族。"田甲脱去上衣裸露肢体前来谢罪，最终韩安国很好地对待他。（出处同上）

遇到别人在患难中，即使死灰没有复燃之日，也应当特意给予抚慰，何况是屈是伸最终如何确定，开始困窘最终顺利的事例，不可胜数。怎么能只知道眼前得意，不再给别人留有余地呢？幸亏是度量大的人，不计旧怨，反而很好地对待他。但是相比之下，更觉得往日小人的样子无地自容了。

周纡为南行唐[(1)]长[(2)]，到官谕吏人曰，朝廷不以长不肖，使牧[(3)]黎民。而性雠猾吏，志除豪贼，且勿相试。遂杀县中尤无状[(4)]者数十人。吏人大震。

【后汉书】

吏所以佐官理民者也，不相倚而相仇，为其猾耳。人性皆善，而猾吏方日趋于恶。猾吏不除，民生不安。故人人侧目[(5)]，非杀之无以彰公道而快人心。不然，吏亦赤子[(6)]也，何至于此。思之思之。

【注】

⑴南行唐：县名。

⑵长：首领，这里指县长。秦汉时人口万户以上的称县令，万户以下的称县长。

⑶牧：治理，管理。

⑷无状：意思是罪大不可言状。

⑸侧目：斜目而视，形容愤恨。

(6)赤子：婴儿，比喻百姓、人民。

【译】

周纡做南行唐县县长，就任时告知官府里的吏员说："朝廷不认为县长我不贤能，让我来管理百姓。我生性仇视奸猾的官吏，立志除掉豪强盗贼。请不要以身相试。"于是杀了县里特别罪大的人好几十个，吏员们大为震动。（出自《后汉书》）

吏员是协助官员管理百姓的人，官员不依靠他们而仇视他们，是因为他们奸猾。人性都是善的，但有的吏员正一天天趋向于恶。奸猾的吏员不除，百姓生活不能安定，所以人人愤恨。不杀他们没有办法来彰显公道，大快人心。要不然，吏员也是皇帝的子民，怎么能到这个地步呢？值得深思，值得深思啊！

黄盖为吴石城长，石城吏特难检御[1]。盖至为置两掾[2]，分主诸曹。教曰，令长不德，徒以武功得官，不谙文吏事。今寇未平，多军务。一切文书，悉付两掾。其为检摄诸曹，纠摘谬误。若有奸欺者，终不以鞭扑相加。教下，初皆怖惧恭职。久之，吏以盖不治文书，颇懈肆。盖微省之，得两掾不法各数事。乃悉召诸掾，出数事诘问之。两掾叩头谢。盖曰，吾业有勑[3]，终不以鞭杖相加，不敢欺也。竟杀之。诸掾自是股栗，一县肃清。【智囊】

长以诚教，而掾以诈应，殊负一番委任[4]之意。此所以见杀也。

【注】

(1)检御：督察驾驭。

(2)掾：原为佐助的意思，后为副官佐或官署属员的通称。

(3)勑〔chì〕：同"敕"，训诫。

⑷委任：信任，信用。

【译】

黄盖作吴国石城县县长，石城的吏员特别难以督察统领。黄盖到任后为石城设置了两个副职，分别主管各个部门。他训导说："本县长德行浅薄，只是凭着武功得到了官职，不熟悉文职吏员所处理的事务。如今贼寇尚未平定，还有好多军务。一切文书，都交给两个副职处理。他们负责约束监督各个部门，检举督察下属工作中的错误。如果有奸诈的人，最终也不会对他们动用鞭子和棍棒。"训导刚下达的时候，大家都特别畏惧尽职尽责。时间久了，吏员们认为黄盖不亲自处理文书，颇有些懈怠放肆。黄盖略微做了一些考察，分别掌握了两个副职几件违法的事。于是召集所有的吏员，拿几件事来责问他们，两个副职叩头谢罪。黄盖说："我已经有训诫在先，最终不会动用鞭子和棍棒。不敢欺骗你们。"最后杀了两个副职。其他各个吏员从此害怕得两腿战栗，整个石城县清静太平。

（出自《智囊》）

长官用诚心训导，而两个副职用欺诈回应，很是辜负长官一片信任之意。这是他们被杀的原因。

征东将军胡质，以忠清著称。子威，亦励志尚。质为荆州刺史，威自京师定省[(1)]。家贫无车马童仆，自驱驴单行。既至十余日告归，质赐绢一匹为装[(2)]，威受之去。帐下都督先威未发，请假还家。阴资装于百里外，要威为伴，每事佐助。行数百里，威疑而诱问之。既知，乃取父所赐绢与都督，谢而遣之。后因他信以白质，质杖都督一百，除吏名。【晋书】

吏胥于官之亲戚子弟，无不竭力趋奉者，无非依附声势，以为媒利之计耳。胡君清忠励节，军吏无隙可乘。及其子还家，乃先期请假，候之百里之外。阳为结伴，阴助其费。可谓巧于逢迎矣。岂知其父子清操如一，不惟不得其欢，反以自取其辱。为吏而交结内衙，献媚左右者，均当以此为戒。

【注】

(1)定省：泛指探望问候父母或亲长。

(2)装：盘缠。

【译】

征东将军胡质，以忠诚清廉著称。儿子胡威，也磨砺志向。胡质做荆州刺史，胡威从京城来探望父亲。家里贫穷，没有车马奴仆，自己赶着毛驴独自行走。来了十几天后告别回家，胡质赐给他一匹绢作为路上的盘缠，胡威接受以后离去。部下都督（军中吏员）在胡威没有出发之前，请假回家。暗中准备了路费盘缠，在一百里外邀请胡威结伴而行，每遇到事都帮助胡威打理。走了几百里，胡威心中生疑，就拐弯抹角地问他。知道真相以后，就拿出父亲赐给的绢给了都督，表示感谢后把他打发走了。后来通过他人捎信把这件事告诉了胡质。胡质打了都督一百杖，在吏员的名册中除去了他的名字。　　（出自《晋书》）

吏员对官员的亲戚子弟，无不竭力奉承的原因，无非是趋炎附势，把它作为给自己带来利益的手段罢了。胡君清廉忠诚，崇尚气节，军中吏员没有可乘之机。等到他的儿子回家，就提前请假，在百里外等候，表面上是结伴，暗中给他资助盘缠，可以说是巧于逢迎了。哪里知道他们父子共同具有高尚的节操，不光没有得到他的欢心，反而自取其辱。结交官员家里的人，向官员身边的人献媚的吏员，都应当以此为戒。

隋大业中，有京兆[1]狱卒，酷暴诸囚。囚不堪其苦，而狱卒以为戏乐。后

生一子，颐[2]下肩上，有若肉枷，无颈。数岁不能行而死。【迪吉录】

以狱囚为戏乐之具，可谓别有肺肠，残忍成性，生理[3]已绝。所生之子，形貌不全，有同桎梏，理也，非怪也。不知其心亦尝戚然一动否。

【注】

(1)京兆：京城。

(2)颐：两颊。

(3)生理：为人之道。

【译】

隋大业年间，有一个京城里的狱卒，残酷虐待众位囚犯。囚犯痛苦不堪，可狱卒把它当成是一种娱乐。后来这个狱卒生下一个儿子，两颊的下边、肩膀的上边，有好像肉做的枷锁，没有脖子。长到好几岁不能行走，就死了。（出自《迪吉录》）

把狱中囚犯当作娱乐的工具，可以说是长着和普通人不一样的肠肺，残忍成性，为人之道已经丧尽。所生的儿子，形貌不全，如同戴着刑具，这是天理，不是怪相。不知他的内心是否也曾有过一丝忧伤的触动？

主书[1]滑涣，久司中书[2]簿籍，与内官[3]典枢密[4]刘光琦，相倚为奸。每宰相议事，与光琦异同者，令涣往请，必得。四方书币[5]赀货[6]，充集其门。弟泳，官至刺史。及郑余庆为相，与同僚集议。涣指陈是非，余庆怒叱之。未几，罢为太子宾客。其年八月，涣赃污发，赐死。【日知录】

涣以中书吏，交结内官，纳贿招权，倾动朝野，参预国政，目无公卿。余庆叱之而即罢退，是宰相皆为所操纵矣。乃不旋踵[7]而赃发见诛，平生势焰，一朝俱尽。虽有狡兔三窟，奚益哉。

【注】

(1)主书：主管文书的官吏。

(2)中书：指中书省。

(3)内官：宦官。

(4)枢密：指枢密使，官名。

(5)书币：泛指书札礼单和礼品。

(6)赀货：资财货物。

(7)旋踵：掉转脚跟。形容时间短促。

【译】

主管文书的官吏滑涣，长期主管中书省的文书档案，和宦官典枢密刘光琦相互依傍干坏事。每到宰相议事，和刘光琦意见不同的人，让滑涣前去求情，一定能达到目的。各处的礼品、钱财充斥他的门下。弟弟滑泳，做官做到刺史。等到郑余庆做了宰相，和同僚共同议事。滑涣指陈是非得失，郑余庆愤怒地呵斥他。不长时间，郑余庆就被罢相，降为太子宾客。那一年的八月，滑涣贪赃枉法的罪行败露，皇帝赐死。　（出自《日知录》）

滑涣凭着中书吏的身份，交结宦官，受贿弄权，震动朝野，参与朝政，目无公卿。郑余庆呵斥他但随即就被罢相，这就说明宰相都被他操纵了。但是很短时间内贪赃枉法罪行败露被杀，平生积聚的势焰，一朝之间全部散尽。虽然有狡兔三窟，又有什么用处呢？

汤铢者，为中书小胥，其所掌谓之孔目房。宰相遇休暇，有内状[1]出，即召铢至延英门付之，送知印[2]宰相。由是稍以机权自张，广纳财贿。韦处厚为相，恶之。谓曰，此是半装滑涣矣。乃以事逐之。　【同上】

滑涣之恶已稔[3]，故罪至于死。汤铢之权方张，故罪止于逐。由前而观，则为汤铢者，诚不如滑涣威权之重。由后而观，则为滑涣者，又不如汤铢得祸之轻也。然汤铢当日，方酷慕滑涣之所为，苟非被逐，不至于滑涣之势盛而祸烈焉不止。噫，世间贪赃犯法之吏，后先相望，不惟不以为鉴，反从而仿效之。殆不可解。

【注】

(1)内状：宫廷里的文书。

(2)知印：主持用印。

(3)稔〔rěn〕：事物积久养成。

【译】

汤铢是中书省的小吏，他所掌管的叫作孔目房。宰相遇到休假，如果有宫廷里的文书要发出，就把汤铢叫到延英门交给他，送给主持用印的宰相。因此慢慢凭着机智权谋自己张扬起来，到处收受贿赂。韦处厚任宰相，厌恶他。对人们说："这是半个滑涣了。"就借其他事驱逐了他。

（出处同上）

滑涣的恶行已经很深重了，所以罪至于死。汤铢的权势正才开始张扬，所以罪仅仅是驱逐。从前边来看，作为汤铢，确实不如滑涣权威势重。从后边来看，则是作为滑涣，又不如汤铢遭到的灾祸轻微。但是汤铢当时，正非常羡慕滑涣的所作所为，如果不是被驱逐，不达到滑涣那样权威势重因而灾祸残酷是不会停止的。唉！世上贪赃枉法的吏员，前后相望，不但不引以为戒，反而跟着去仿效他们。真是不可理解。

潘逢为吏，有民因罪而法未合死，潘曲杀之。后见形为祟，他人即不见，惟闻语声云，阴中论[1]尔，须去对之。潘召人禁呪[2]厌劾[3]，不能除。每日同饮食行坐，惟不入国门。潘问之，何不入其门。曰，我是鬼，门神不与入。

潘曰，尔是官杀，何相执。不能取我命，空朝夕系缀何也。鬼曰，尔不上文字，官焉能杀我。盖缘尔命未尽，是以随之耳。【灵应录】

吏之务为深刻者，动云尚有官府做主，与己无干。岂知一字轻重之间，伯仁[4]由我而死，怨气必不能销也，下笔时安可不慎。

【注】

(1)论：判罪，判决。

(2)禁呪〔zhòu〕：亦作“禁咒”。相传以真气、符咒等治病邪、克异物、禳灾害的一种法术。

(3)厌劾：意思是用迷信的方法消灾除邪。

(4)伯仁：晋代周顗，字伯仁。王敦不了解他为人如何，曾问王导，王导没有肯定答复。王敦就把周顗杀了。事后王导才知道，周顗曾经救过他的命。因为王敦起兵进攻首都，在元帝看来，当然是叛变的行为，身为丞相的王导，既是王敦的堂兄，怎能不被怀疑。幸亏周顗上书元帝，竭力替王导说话，才得不予追究。这件事王导当初并不知道，等他知道时，周顗已经被杀，因此他不禁大哭，十分悔恨地说道：“我虽不杀伯仁，伯仁由我而死！”

【译】

潘逢做吏员，有一个百姓犯了罪但按照法律不应该判死罪，但潘逢枉杀了他。后来这个人现形作祟。别人看不见，只听见说话的声音，说：“阴间判你的罪，需要你去对质。”潘逢叫来人念咒驱邪，不能去除。每天和他一起吃喝行坐，只是不进城门。潘逢问他：“为什么不进城门？”鬼说：“我是鬼，门神不让进。”潘逢说：“你是被官府杀的，为什么要仇恨我呢？又不能取我的性命，光是从早到晚纠缠我，为什么呢？”鬼说："你不递上文字，官府怎么能杀我？大概因为你的天命未尽，所以就跟着你罢了。"

（出自《灵应录》）

致力于严刑峻法的吏员，动不动说还有官府做主，和自己不相干。哪知一个字的轻重之间，伯仁就会因我而死，怨气一定不能消除。下笔时哪能不慎重呢？

衢州一里胥，督促民家租赋。民家贫无以备飧(1)，只有哺鸡(2)一只，拟烹之。里胥恍惚间，见桑下有着黄衣女子，前拜乞命。云不忍儿子未见日光。里胥惊恻，回至屋头，见一鸡哺数子，其家将缚之。意疑之，不许杀，遂去。后再来，其鸡已抱出一群子。见里胥向前踊跃，有似相感之状。里胥行数百步，遇一虎，跳踯渐近。忽一鸡飞去，扑其虎眼，里胥奔驰得免。至暮，从别路仍至其家，已不见鸡。问之，云朝来西飞去无踪。里胥具说见虎之事，遂往寻之，其鸡已毙于草间，羽毛零落。自后一邨(3)少有食鸡子者。【同上】

柳子厚有云，悍吏之来吾乡，叫嚣乎东西，隳突(4)乎南北，虽鸡犬不得宁焉。追呼之扰，比比皆是。天使一鸡，巧示报应，欲需索(5)者恻然动心，洒然(6)变志耳。

【注】

(1)飧：晚饭，亦泛指熟食，饭食。

(2)哺鸡：指孵卵的母鸡。

(3)邨：同"村"。

(4)隳〔huī〕突：横行，骚扰。

(5)需索：敲诈勒索。

(6)洒然：彻底明白的样子。

【译】

衢州有一个里长，到百姓家督促租税。百姓家里贫穷，没办法准备饭食。只有一只正孵小鸡的母鸡，准备煮了它。里长恍惚间看见桑树下有个穿黄衣服的女子，上前来跪拜请求饶命，说“不忍心儿子不能看见日光”。里长感到惊诧，回到屋前，看见一只鸡孵着几个鸡蛋，那家人正准备把它捆住。里长心里疑惑，不许杀这只鸡，就转身走了。过几天再来时，那只鸡已经孵出一群小鸡。看见里长都蹦蹦跳跳着上前来，好像有感激的样子。里长走了几百步，遇到一只老虎，跳跃着离自己越来越近。忽然看见一只鸡飞了过去，直扑老虎的眼睛。里长快速奔跑才幸免于难。到了傍晚，从另一条路又到了那一家人家，已经看不见那只鸡了。问鸡哪去了，说“早上向西边飞去就没有踪影了”。里长详细叙述了遇到老虎的事，于是前去寻找。那只鸡已经死在草丛里，羽毛散落一地。从此以后全村很少有吃鸡蛋的人。 （出处同上）

柳子厚有过这样的话：“凶悍的吏员来到我们乡里，到处呼叫，四处横行，即使鸡犬也不得安宁。”吏员上门呼叫催租的侵扰，比比皆是。老天派了一只鸡，巧妙地显现报应。是想让敲诈勒索的人恻然心动，彻底明白改变心志。

郎吏冯球，家最富。为妻买一玉钗，奇巧直七十万钱。先是相国王涯之女，请买此钗。王曰，我一月俸金即有此，岂于尔惜之。但一钗七十万，妖物也，必与祸相随。女不复敢言。数月，王知前钗为冯球所买。叹曰，郎吏而妻首饰如此，其可久乎。后未浃旬(1)，冯为苍头(2)鸩死，卒符王涯所料云。

【迪吉录】

宰相之女，嫌其贵而不买之钗，郎吏之妻，买之若不费力。非其家赀[3]厚薄不同，一惜福，一折福耳。世之以胥吏致家富饶者，其什物[4]用度，色色美丽，多在官司[5]之上。犹且夸耀乡里，卖弄豪华。要之皆其速亡之兆也。果有余赀，何不周给穷戚，施济乡里。为穷人所不能做者，做一二件，庶几免于悖出之后患。

【注】

(1)浃旬：一旬，十天。

(2)苍头：指奴仆。

(3)家赀：家产。

(4)什物：泛指日常应用的衣物及零碎用品。

(5)官司：指官员。

【译】

郎官冯球，家里特别富有。他给妻子买了一个玉钗，做工奇巧，价值七十万文钱。在这之前，相国王涯的女儿曾请求父亲给自己买这个玉钗。王涯说："我一个月的薪金就有这个数，哪里在你身上吝惜这点钱？只是一个玉钗值七十万文钱，这是个妖物，一定与灾祸相随。"女儿不敢再说什么。过了几个月，王涯知道前边说到的那个玉钗被冯球买走了，感叹说："作为一个郎官，妻子的首饰这样贵重，他能长久吗？"后来没过十天，冯球被奴仆用毒酒毒死，终于应验了王涯的预料。（出自《迪吉录》）

宰相的女儿嫌它贵重而不买的玉钗，郎官的妻子买了它，好像一点都不费力。不是他们家里的财产多少不同，而是一个惜福，一个折福罢了。世上凭着吏员的身份而使家庭富有的人，他们的什物用度，样样都美丽无比，大多在官员之上。尚且还要在乡里夸耀，卖弄豪华。总之都是加速倒霉的兆头。如果确实有多余的资产，何不周济贫穷的亲戚，施舍给乡里的百姓？穷人不能做的事，做上一两件，差不多可以免于因胡乱花出而带来的后患。

陆元方子象先，为河东按察使。小吏有罪，诫遣之。大吏白争，以为可杖。象先曰，人情大抵不相远，谓彼不晓吾言耶。必责者，当以汝为始。大吏惭退。尝言天下本无事，庸人扰之为烦耳。第澄其源，何忧不简耶。【唐书】

共事公门，朝夕相对，有朋友之谊，即当有体恤之情。小吏有罪，大吏不能劝诲于前，有罪方当为之分过。乃争白于官，以为可杖。此中实不可问。陆公公恕之论，可使诬陷同类之猾吏愧死矣。

【译】

陆元方的儿子陆象先，做河东按察使。小吏犯了罪，陆象先警告谴责了他。有一位大吏出来争辩，认为可以施以杖刑。陆象先说："人性之间大概相差不远，你认为他不明白我的话吗？一定要责罚的话，应当从你开始。"大吏惭愧地退下。陆象先曾经说："天下本来没有事，平庸的人一搅扰就变得繁杂。只要澄清它的源头，哪用愁事情不简单呢？"

（出自《唐书》）

在衙门里共事，朝夕相处。有朋友之谊，就应当有互相体恤之情。小吏有罪，大吏不能在之前规劝教诲他，有罪了正应当替他分担过错。竟然在官员面前争辩，认为可以施以杖刑。这里边的居心实在是不能问。陆公公正宽厚的言论，可以让诬陷同僚的奸猾吏员羞愧而死。

李日知为刑部尚书，不行捶挞而事集[(1)]。有令史受勑[(2)]三日，忘不行。日知怒，欲捶之。既而曰，人谓汝能撩李日知嗔，受李日知杖，不得以为人。遂

释之。吏皆感悦，无敢犯者。【臣鉴录】

官之于吏，原以相资集事者也。吏有小过，不加鞭挞，所以养吏之廉耻，亦正见官之公恕也。为吏者因此生感生奋，岂非两全之道。若以为不足畏而玩视之，甚或以为有所私厚于己，而阴以为利，不但负恩，实为自弃。得祸岂浅鲜(3)哉。

【注】

(1)集：成功。

(2)勑：同“敕”，命令。

(3)浅鲜：轻微，轻薄。

【译】

李日知做刑部尚书，从不对吏员施行鞭挞但事情总是能办成。有一位令史接受命令已经三天，他给忘了，还没有行动。李日知生气了，想杖击他。一会儿说：“众人以为你能挑起李日知生气，受到李日知杖击，不能再做人了。”于是宽释了他。吏员都很受感动，没有敢再犯的了。

（出自《臣鉴录》）

官员和吏员，原本是靠互相帮助来办成事的。吏员有小的过错，不加鞭挞，是以此来养成吏员的廉耻之心，也正可以看出官员的公正宽厚。做吏员的因此而产生感动、产生振奋，难道不是两全之道？如果以为官员不值得畏惧而轻视他，甚至以为官员是对自己有偏爱，反而在暗地里谋取私利，不但辜负了官员的恩情，实在是自己抛弃自己。遭到的灾祸哪能轻微呢？

包孝肃公(1)之尹京(2)也，初视事(3)，吏抱文书以伺者盈庭。公徐命阖府门，令吏列坐阶下，枚数之以次进，取所持案牍遍阅之。既阅，即遣出。数十人后，或杂积年旧牍其间，诘问辞穷。盖公素有严明之声，吏用此以试，且困公。公悉峻治之，无所贷。自是吏莫敢弄以事，文书益简矣。天府虽称浩穰[4]，然事之所以繁者，亦多吏所为。本朝称治天府，以孝肃为最者，得省事之要故也。

【却扫编】

吏胥狡狯之技，历来如此。然毕竟有何用处，徒自取罪戾而已。

【注】

(1)包孝肃公：包拯，北宋官员，以清廉公正闻名于世。曾任天章阁待制，人称“包待制”；后进为龙图阁直学士，故后人亦称“包龙图”，死后谥号孝肃。

(2)尹京：治理京畿。京畿，国都和国都周围的地方。

(3)视事：旧时指官吏到职办公。

(4)浩穰〔ráng〕：众多，繁多。

【译】

包拯掌管京畿，刚到任办公的时候，抱着文书等候的吏员挤满庭院。包公从容地让人关上府门，让吏员依次坐在台阶下，逐个清点，然后按照次序进来。接过他手里拿的文书，从头至尾看一遍。看完以后，就让他出去。过了几十个人以后，有的吏员就把积压多年的旧文书混杂在里边，详细追问，回答不上来。这是因为包公素有严明的声望，吏员用这个办法来试探，想要为难包公。包公全部严肃处理了这些人，没有被宽恕的。从此吏员没有人敢拿什么事来糊弄他，文书也越来越少了。京城虽说人口众多，但事务之所以繁杂，也大多是吏员所造成的。本朝人说治理京城，以包拯为最好的原因，是因为他掌握了减少事务的要领的缘故。

（出自《却扫编》）

吏员狡诈的手段，历来如此。但是最终有什么用处呢？只是自找罪过罢了。

张咏在崇阳，一吏自库中出，视其鬓畔有一钱。诘之，乃库中钱也。咏命杖之，吏勃然曰。一钱何足道，乃杖我耶。尔能杖我，不能斩我也。咏笔判云。一日一钱，千日千钱，绳锯木断，水滴石穿。自仗剑下阶斩其首。申府自劾，崇阳人至今称之。【宋史】

吏胥稍知律例，每以数未满贯，罪不至死。肆志为之，不复顾忌。不知饮啄[(1)]前定，点水难消[(2)]。且贪壑无厌，积少成多，放利多怨。偶一发觉，刑祸竟不可测。此即绳锯木断、水滴石穿之意也。

【注】

(1)饮啄：饮水啄食。

(2)消：享受，受用。

【译】

张咏在崇阳县当县令的时候，一个吏员从钱库里出来，张咏看见他的鬓角边有一枚铜钱。追问他，说是钱库里的钱。张咏下令杖击他。这个吏员勃然大怒说："一个铜钱何足挂齿，竟然要杖击我？你能杖击我，但不能杀了我！"张咏拿起笔来写下判词："一日一钱，千日千钱，绳锯木断，水滴石穿。"亲自拿起剑走到台阶下砍下了他的脑袋。然后向州府报告请求自我处分。崇阳人至今都称颂他。（出自《宋史》）

吏员稍通法律，往往认为数目还不满一贯，罪不至死。所以肆意妄为，不再有什么顾忌。殊不知人的一生吃多少喝多少前世已定，多一滴水都很难享用。况且贪壑无厌，积少成多，放纵自己追求利益就会产生许多怨恨。偶然一发现，灾祸竟然是不可预料的。这就是绳锯木断、水滴石穿的含义。

包孝肃尹京，号为明察。有编民[1]犯法，当杖脊。吏受赇，与之约曰，今见尹，必付我责状[2]。汝第呼号自辩，我与汝分此罪。汝决杖[3]，我亦决杖。既而包引囚问毕，果付吏责状。囚如吏言，分辩不已。吏大声诃之曰，但受脊杖出去，何用多言。包谓其市权，捽[4]吏于庭，杖之七十。特宽囚罪，止从杖坐，以抑吏势。不知乃为所卖，卒如素约。小人为奸，固难防也。

【梦溪笔谈】

此计诚巧，但以捶楚[5]而易钱财，细思终不值得。衙门中竟有以代杖为业者，伤父母遗体，博酒食醉饱之乐，下愚不为。奈何反以为得计也。

【注】

⑴编民：编入户籍的平民。

⑵责状：施行刑罚。

⑶决杖：处以杖刑。一般的杖刑只是击打臀部。

⑷捽〔zuó〕：揪。

⑸捶楚：杖击，鞭打。

【译】

包拯掌管京畿，号称明察决断。有一个户籍内的百姓犯了法，应当受到用棍棒击打脊背的惩罚。一个小吏受了贿赂，与那个人约定说："今天见到府尹，他一定会把你交给我用刑。你只要大声呼叫自我申辩，我和你分担这个罪行。你受到杖击，我也受到杖击。"过了一会儿包公让把囚犯押上来审问完毕，果然交给那个小吏用刑。囚犯按照小吏说的那样，申辩不已。小吏大声呵斥他说："只管出去接受杖击脊背，何必多言？"包公认为他越职弄权，把小吏揪到庭院里，打了七十杖。特地减轻了囚犯的罪行，只是杖击了臀部，以此来抑制小吏的权势。包公不知道自己竟然被小吏出卖，最终结果和小吏与囚犯原来的约定相同。小人做坏事确实难以防范啊！（出自《梦溪笔谈》）

这个计谋确实巧妙，但是用受杖击来交换钱财，细细想来总归是不值得。衙门里竟然有把代替别人受杖击作为职业的人，伤了父母给的身体，博取酒食醉饱的快乐，最愚蠢的人也不会做。为什么反倒认为计谋巧妙呢？

吉水猾吏，于令始至，辄诱民数百讼庭下，设变诈以动令。如此数日，令厌事，则事常在吏矣。葛源摄(1)令事，立讼者两庑(2)下，取其状视。有如吏所为者，使自书所讼。不能书者，吏受之，往往不能如状。穷之，辄曰，我不知为此，乃某吏教我所为也。悉捕劾致之法，讼故以少。【断狱龟鉴】

为官者方虑事多，为吏者惟患事少。事少则官不能欺，难于弄权也。此种惯弊，至今人共见闻矣。虽极狡诈，究何益哉。

【注】

⑴摄：代理。

⑵庑：堂下周围的走廊、廊屋。

【译】

吉水县狡诈的吏员，在县令刚到任的时候，总是诱使几百个百姓到衙门的庭院里打官司，巧设各种诡计让县令操劳。如此几天以后，县令对这些事厌倦了，那么事情就常常落在吏员的手里。葛源代理县令的职事，让打官司的人站在走廊上，一一拿过他们的诉状来看。有好像是吏员所写的，就让他们自己写要申诉的事。不能自己写的，吏员教他们，事实往往不能和原来的诉状一样。追问他们，他们就说："我不知道是怎么回事，是某某吏员让我这么做的。"葛源把这些吏员全部抓起来依照法律审理。诉讼因此变少了。（出自《断狱龟鉴》）

做官的人正愁事多，做吏员的却只怕事少。事少了官员就不能被欺骗，难以玩弄权术。这种长期以来的弊端，至今人们都能看到听到。虽然极为狡诈，到底有什么益处呢？

宋初，吏人皆士大夫子弟不能自立者，忍耻为之。犯罪许用荫赎(1)。吏有所恃，敢于为奸。天圣间，吏毋士安犯罪，用祖令孙荫，诏特决之。仍诏今后吏人犯罪，并不用荫。又吏人投募，责状(2)在身无荫赎，方听入役。苟吏可用荫，则是仕宦不如为吏也。诱不肖子弟为恶，莫此为甚。禁之诚急务也。

【燕翼贻谋录】

祖宗之荫，不能庇不肖之子孙。吏有出身名家者，当努力自爱，毌重辱其先也。

【注】

(1)荫赎：根据先辈的功劳、地位许其子孙赎罪。

(2)责状：施行刑罚。

【译】

宋朝初年，吏员都是不能自立的士大夫子弟，忍受着耻辱去充任。犯了罪允许用祖上的庇荫去折抵。吏员有所倚仗，敢于做坏事。天圣年间，吏员毋士安犯了罪，运用祖上的善行可以荫庇子孙的官吏，皇帝下诏特地轻判了他。随即下诏："今后吏员犯罪，一律不得用祖上的荫庇折抵。"

还有，“吏员要报名应招，刑罚加身而没有因祖上的荫庇折抵的，才能让他们进入衙门做事”。如果吏员可以用祖上的荫庇，那么做官还不如做吏。诱使不肖子孙作恶，没有比这个更严重的。禁止这个做法确实是当务之急。（出自《燕翼贻谋录》）

祖宗的荫庇，不能庇护不肖的子孙。有出身名门的吏员，应当努力自爱，切不要大大地辱没了自己的祖先。

皇祐中，赵及判[1]流内铨[2]，始置阙亭。凡有州郡申到阙，实时榜出，以防卖阙。部吏每遇申到，匿而不告。州郡丁忧事故，有申部数年，而部中不曾榜示者。吏人公然评价。长贰郎官，为小官时，皆尝有之，亦不暇问。太宗皇帝曰，幸门如鼠穴，不可不塞也。遂严禁之。【同上】

卖缺之弊，自昔有之。当纲纪肃清，自无所施其伎俩。凡起文出结，惟宜秉公速办，以成人之功名，不得勒掯钱财，高下其手也。

【注】

(1)判：凡流内铨长官由知杂御史以上担任者称“判”。

(2)流内铨：宋代官署名，负责官员的任免、考核。

【译】

（宋代）皇祐年间，赵及任流内铨长官，才开始设置阙亭。凡是有州郡申报缺位到了阙亭，就及时张榜公布，以防有人卖缺位。可吏部的吏员每遇到州郡申报缺位到来，都隐藏起来不向外公布。州郡遇到官员有丁忧等事故，甚至有向吏部申报已好几年，但部里不曾张榜公布的情况。吏员公然评议这些缺位的价格。正副职的郎官在做小官时，都曾经有这样的情况，但也无暇过问。太宗皇帝说：“侥幸者进身的大门就像老鼠洞，不能

不堵塞啊！”于是严厉地禁止了这种做法。（出处同上）

卖缺位的弊端，自古就有。当法律制度严明整肃的时候，自然就没有办法来施展他们的伎俩。但凡起草文书了解公事，只应当秉持公道快速办理，来成就他人的功名，不得勒索钱财，玩弄手法，串通作弊。

中书五房[(1)]吏，操例在手，惟顾金钱，去取任意。所欲与，即检行之。所不欲，或匿例不见。韩魏公为相，令删取五房例，及刑房断例，除其冗谬不可用者，为纲目类次之，封誊谨掌。每用例，必自阅。自是人始知赏罚可否，一出宰相，五房吏不得高下其间。【智囊】

多立条例，原以防吏胥之奸。不知例愈多而用例愈巧，益左[(2)]其奸耳。此种伎俩，千古一辙。故韩魏公厘定章程，而吏不能任情高下。孰谓清官难出猾吏手也。为官者固不可不知，而吏亦当深以为戒。

【注】

(1)五房：唐宋中书省下分管行政事务的五个部门。

(2)左：同“佐”，帮助。

【译】

中书五房的吏员，把条例掌握在手里，只顾金钱，随意决定用哪些不用哪些。想运用的，就挑出来执行，不想运用的，或许就把条例隐藏起来让别人看不到。韩魏公任宰相，下令删定五房的条例，以及刑房断案的条例，去掉那些繁杂谬误不可用的，列出纲目分类编排，誊写封存起来，慎重掌握。每到运用条例的时候，一定亲自查阅。从此人们才知道赏罚对错，全部出自宰相之手，五房吏不能在其中玩弄手法。（出自《智囊》）

多制定条例，原本是为了防备吏员做鬼。殊不知条例越多而吏员们运用条例的手段就越巧妙，更助长了他们做鬼。这种手段，千古一辙。所以韩魏公修订章程，而吏员不能任意玩弄手法。谁说清官也难逃奸猾吏员之手呢？做官的人固然不可不知，而吏员们也应当深深地以此为戒。

宋时经略[(1)]府承差[(2)]某，奉檄办公，止于驿舍。怒驿卒服事不恭，及去，以饲马残草投于井中，谓已无再过之期矣。未几复奉差过，时天暑渴甚，临井汲饮。昔日残草在内，不及细视，哽喉气塞而死。【配命录】

官司差人，狐假虎威，到处肆横，以为排场应如此，岂知显报即在眼前耶。可异者，驿卒原无加害之心，而承差自作自受，何相报之巧也。

【注】

⑴经略：古代有重要军事任务时特设经略，掌管一路或数路军、政事务。

⑵承差：差役。

【译】

宋代时经略府差役某某，奉命外出办公事，住在驿站的旅店。因驿卒服侍不周而生气，等离开的时候，把喂马的残草扔到井里，以为已经不会有第二次经过这里的时候了。过不长时间又奉命办公事路过这里，当时天气酷热口渴得很厉害，到井边打水喝。往日的残草还在里边，来不及细看，卡在喉咙里窒息而死。（出自《配命录》）

官府的差役，狐假虎威，到处肆意横行，以为应该这样排场。哪知显明的报应就在眼前呢！值得奇怪的是，驿卒原本没有加害他的想法，可承差自作自受，为什么报应这么巧呢？

寇莱公[(1)]为枢密院，王旦在中书，吏倒用印，寇公即行惩责。后枢密吏亦倒用印、中书吏人亦欲王惩责，以报前怨。王公问众吏曰，汝等且说他当初责尔等是否。众吏曰，不是。公曰，既不是，岂可学他不是。陈镒、王文同为御史，每入院，陈或后至，王辄命鸣鼓，集诸道御史升揖，诸道与堂吏皆不服。一日陈先至，堂吏请击鼓。陈曰，少待，岂可学他。王至愧甚，曰，吾自知气质浮躁，不及陈公远矣。　【言行汇纂】

为吏者罔识大体，乐于有事。每因文移[(2)]礼貌间，小有不平，辄耸动长官，展转报复。及至嫌怨日积，伤僚友之和，误国家之事。吏独何所利于其间哉。观二公之度量宏远，以德服人，为吏者亦可以爽然失矣。

【注】

(1)寇莱公：即寇准。寇准曾被封为莱国公。

(2)文移：公文。

【译】

寇莱公主持枢密院，王旦在中书省，中书省的吏员用印时把印用倒了，寇公就进行惩罚。后来枢密院的吏员也把印用倒了，中书省的吏员也想让王旦进行惩罚，来报复之前的怨恨。王公问众吏员说：“你们且说他当初责罚你们对不对？”众吏员说：“不对。”王旦说：“既然不对，哪能学他的不对呢？”陈镒、王文同是御史，每到进官府办公的时候，陈镒有时迟到，王文总是下令击鼓，召集诸道御史上前作揖，诸道御史和堂前吏员都愤愤不平。有一天陈镒先到了，堂前吏员请求击鼓，陈镒说：“稍微等等，哪能学他呢？”王文到了以后甚是惭愧，说：“我自己知道气质浮躁，和陈公相差得很远了。”　（出自《言行汇纂》）

做吏员的不识大体，乐于有事。往往因为在公文礼貌等往来中间稍有不满，就怂恿长官，利用各种手段报复。等到嫌怨一天天地累积，伤了同僚之间的和气，误了国家的大事。吏员在这中间单单能有什么好处呢？看了以上两个人的度量宏远，以德服人，做吏员的内心的一些想法也可以爽然消失了。

苏涣知衡州时，耒阳民为盗所杀，而盗不获。尉执一人指为盗，涣察而疑之。问所从得，曰，弓手见血衣草中，呼其侪[1]视之，得某人以献。涣曰，弓手见血衣，当自取之以为功，尚何呼他人。此必奸。讯之而服。

【断狱龟鉴】

奸徒作事瞒人，未有不自取败露者，况人命乎。弓手杀人，弃其血衣，可谓巧于掩饰矣。不知呼侪同视意在嫁祸，寔[2]已自留破绽也。谚云，若要人不知，除非己莫为。愿作弊嫁祸之胥役，常常三复[3]此语。

【注】

(1)侪〔chái〕：同类，同事。

(2)寔〔shí〕：同“实”。

(3)三复：意思是反复诵读。

【译】

苏涣做衡州知州时，耒阳县的一个百姓被盗贼杀害，可盗贼没有被抓获。县尉抓住一个人指他为那个盗贼。苏涣详细了解后觉得可疑，就问是从哪儿抓到的。县尉说：“弓手看见有件血衣在草丛里，叫他的同事一起去看，于是抓到了这个人献了上来。”苏涣说：“弓手看见血衣，应当自己拿来以立功，还何必叫其他人？这一定是个奸计。”审讯那个弓手，弓手认罪。

（出自《断狱龟鉴》）

奸猾之徒做事欺骗人，没有不自取败露的，何况人命呢？弓手杀了人，扔掉血衣，可以说是巧于掩饰了。殊不知叫同事一起去看意在嫁祸他人，其实已经自己留下破绽了。谚语说："若要人不知，除非己莫为。"希望作弊嫁祸于人的吏员，常常反复诵读这句话。

眉山有人窃芦菔[1]根，而所持刃误中主人。尉幸赏[2]以劫闻[3]，狱掾受财掠成之。太守将虑囚[4]，囚坐庑下泣涕，衣尽湿。参军程仁霸适过之，知其冤。谓盗曰，汝冤盍自言，吾为直之。盗果称冤，移狱于公。既直其事，而尉掾争不已，竟杀盗。公坐逸囚罢归。不及月，尉掾皆暴卒。后三十余年，公昼日见盗拜庭下，曰，尉掾未伏，待公而决。前此地府欲召公暂对，我叩头争之曰，不可以我故惊公，是以至今。公寿尽今日，我为公荷担而往。暂即生人天[5]，子孙寿禄，朱紫[6]满门矣。公具以语家人，沐浴衣冠，就寝而卒。后子孙果寿至期颐[7]，累世贵显，而尉掾之子孙微矣。【东坡题跋】

程君一念慈悲，不但得享天年，而且泽流后裔。尉掾有心煅炼[8]，非惟死不旋踵，而且子孙式微[9]。善恶报应，彰明较著若此，阅之当为毛骨悚然。

【注】

(1)芦菔：即萝卜。

(2)幸赏：企求恩赏。

(3)闻：报告上级。

(4)虑囚：讯察记录囚犯的罪状。

(5)人天：佛教语，指人界及天界。

(6)朱紫：古代高级官员的服色或服饰，即红色官服，紫色绶带。

(7)期颐：一百岁。

(8)煅炼：意思是以逼供等高压手段，陷人于罪。

(9)式微：衰微，衰败。

【译】

眉山有人偷盗芦菔根，所拿的利器误伤了主人。都尉为了得到奖赏以抢劫罪报告上级，狱吏接受了贿赂屈打成招。太守将要审查记录囚犯的罪状，有一个囚犯坐在走廊下哭泣，衣服全湿透了。参军程仁霸正好路过，得知了他的冤情。对那个盗贼说："你的冤情为什么不自己说说？我为你申冤。"盗贼果然喊冤，于是案件移送到了程仁霸那里。冤案已经得到纠正，但是都尉和狱吏不停地争辩，最后竟然杀了那个所谓的盗贼。程仁霸因放走囚犯获罪被罢官回家。不到一个月，都尉和狱吏都突然死亡。三十多年后，程仁霸大白天看见那个盗贼在庭院里跪拜，说："都尉和狱吏还没有伏法，等待您去定案。在这之前地府想让您去短暂地对质一下，我叩头争辩说：'不能因为我的缘故惊动了程公。'因此拖到了今天。您的寿数今日已尽，我替您挑着担子去。过不了多久就能超生人界和天界，子孙长寿福禄，满门都是高官。"程公把这些详细说给了家人，洗了澡，换了衣冠，就寝后就辞世了。后来子孙果然寿数都达到百岁，世世代代显达尊贵。而都尉狱吏的子孙都卑微。（**出自《东坡题跋》**）

程仁霸君一个慈悲的念头，不但能够尽享天年，而且恩泽流传到后代。都尉狱吏存心陷害人，不只是自己在很短时间内死亡，而且子孙衰微。善恶报应，如此明显，看了之后应当为之毛骨悚然。

元符中，宜春尉遣弓手三人，买鸡豚于村墅[(1)]，阅[(2)]四十日不归。三人妻诉于郡守，守责尉，尉绐[(3)]曰，有盗已得其窟穴，遣三人往侦，久而不返，是殆毙于贼手。愿自往捕。久之无以复命。适见四乡民耕于野，从吏持二万钱买之，使诈为盗。曰，他日案成，不过受杖数十耳。四人许诺。遂缚诣县。送府，黄司理治之，狱成，将择日赴市。黄念四人无凶状，诘得其寔，欲出之。

郡守不允，强黄书押，四人遂死。越二日，有皁[4]衣持梃[5]，押县吏二人，追院中二吏，同时四吏暴卒。又数日，摄令死，尉亦死。郡守越四十日，中风死。一日黄见四囚拜曰，某等枉死，上帝并欲逮公。某等感公意，哀求四十九日，始转许三年。及期，黄果见四人复至，遂洞泄血痢而死。　　【监愆录】

枉杀四人，而官吏之死者倍之。岂不可畏。世之捕役缉盗不获，往往诬指平民以塞责。而主刑之吏，又从而文致其罪。皆难逃此种冤报也。

【注】

⑴村墅：乡村房舍。泛指村庄、乡村。

⑵阅：经历。

⑶绐：同“诒”，欺骗。

⑷皁〔zào〕：同“皂”，黑色。

⑸梃：棍棒。

【译】

宋代元符年间，宜春县都尉派三个弓手到乡村买鸡和猪，过了四十天还没有回来。三个弓手的妻子告到郡守那里，郡守责备都尉，都尉撒谎说：“有伙强盗已经找到了他们的巢穴，派三个人前去暗中查看，很久了没有返回，这恐怕是死在盗贼手里了。我愿意亲自去抓捕盗贼。”过了很久没有办法向郡守回报。正好看见四个乡民在田野里耕地，随从小吏拿了两万钱收买他们，让他们假装成强盗，说：“过几天案子结了，只不过挨几十杖罢了。”四个人答应了。于是绑到县里。送到郡府，黄司理受理这个案件，案件了结，将选择一个日子将四个人押赴街市处决。黄司理考虑到四个人没有行凶的确凿证据，经过询问掌握了实情，想释放了他们。郡守不同意，强迫黄司理画押，于是四个人被处死。过了两天，有个穿黑衣服的人手里拿着棍棒，押着县里的两个小吏，追赶院子里另外两个小吏，四个小吏同时暴死。又过了几天，代理县令死亡，都尉也死了。郡守过了四十天，中风而死。有一天，黄司理看见四个囚犯在面前跪拜，说："我们是冤枉而死，上帝想一并连你都抓去。我们感激您的好意，哀求了四十九天，才转而答应延迟三年。"到了三年的期限，黄司理果然看见那四个人又来了，于是大泄血痢而死。（出自《监惩录》）

枉杀了四个人，可死了的官吏是他们的两倍，岂不可怕？世上抓捕犯人的役卒，抓不到盗贼，往往无中生有指认平民来塞责，而主持审理的吏员又跟着舞文弄法给他们定罪。都很难逃脱这种因冤屈他人而招致的报应。

陈贯为三司副使，恶一胥狡猾，欲逐之。胥奉事弥谨，岁余并无坏事，贯亦竟善待之。贯偶宴客，付钱令办。胥明日携十岁女，卖于东华门。扬言曰陈副使请客，所需十未付一，今不得已卖此女也。因密结逻者，使闻于内。贯以此罢官，后胥恶死灭门。【感应篇注】

官知胥之狡猾，因无坏事，不加斥逐，竟善待之。其驭下也公而厚矣。宴客而发钱令办，更非违法扰索之事。乃胥无隙可乘，即藉此而中伤官长。诚事出情理之外者也。观其扬言曰，副使宴客，胥今卖女，最易骇人听闻。计则巧而心寔险毒矣。宜其有灭门之祸也。

【译】

陈贯做三司的副使，讨厌一个吏员的狡猾，想赶走他。这个吏员办事更加谨慎，一年多并没有办坏事，陈贯也就最终善待他。陈贯偶尔宴请宾客，把钱交给那个吏员让他去置办。这个吏员在第二天领着十岁的女儿，到东华门出卖。扬言说："陈副使请客，所需十个钱连一个都没交给我，今天不得已卖了这个女儿。"因而秘密勾结巡逻的人，让朝廷内听到这个事。陈贯因为这个事被罢官，后来那个吏员不得好死，被灭门。

（出自《感应篇注》）

官员知道吏员狡猾，因为没有办坏事，不加驱逐，竟然善待他。这个官员管理部下公道而且宽厚。宴请宾客拿出钱让吏员去置办，更不是违法搅扰勒索的事。然而吏员无机可乘，就借此中伤长官。确实是情理之外的事。听他扬言说："副使宴请宾客，小吏我今天卖掉女儿。"最容易骇人听闻。计策是巧妙的，但用心确实歹毒。他应当遭到灭门之祸。

孙奋为扶风吏，克取民财，遂至巨富。大将军闻其富，索白珠十斛[1]，紫金三千两。不与，坐以叛逆，抄没赀[2]产，并逮家口，相继灭绝。【同上】

吏以巧猾之才，凭官衙之势，横行乡曲[3]，克剥小民。自谓唯我独强，不知更有强于彼者，随其后而钞夺[4]之，且并其家口而灭绝之。悖入悖出[5]之理，章章[6]如此。谚云，螳螂捕蝉，岂知黄雀在后。可为猛省。

【注】

(1)斛〔hú〕：古量器名，也是容量单位，十斗为一斛。

(2)赀：同"资"。

(3)乡曲：乡里，亦指穷乡僻壤。

(4)钞夺：抢劫掠夺。

(5)悖入悖出：用不正当手段得来的财物，又被别人以不正当手段夺去。

(6)章章：明显的样子。

【译】

孙奋做扶风县的吏员，克扣夺取百姓钱财，由此成为巨富。大将军听说他很富，向他索要白珠十斛，紫金三千两。他不给，就给他定了叛逆

罪，抄没家产，并抓走他的家人，先后都被杀害。（出处同上）

吏员靠狡猾的才能，凭借官府衙门的威势，横行乡里，克扣剥削小民。自以为唯我独强。殊不知更有比他强的人，跟在后边抢夺他，并且他的家人先后都被杀害。悖入悖出的道理这样明显。谚语说："螳螂捕蝉，岂知黄雀在后。"可以因此而猛省。

润州一监征官，与务胥盗官钱，皆藏之胥。官约之曰，官满，分以装[1]我。胥伪诺之。既代去，不与一钱。监征不敢索，悒悒渡扬子江，竟死于维扬[2]。胥得全贿，遂富。告归，买田宅。是年妻孕，如见监征褰帷[3]而入，即诞子。甚慧，长喜读书，使之就学，二十岁登第。胥大喜，尽鬻其产，挈家至京师。其子调官南下，已匮乏。至中途子病，罄所余召医，及维扬而死。胥无所归，旅寓贫索无聊，亦死。【可谈】

监征而盗官钱，此不义之物。务胥独吞之，以为彼固无可奈何也。迨其人隐忍而死，益喜更无后患，可以安享终身矣。岂知子丧财尽，客死道途，与监征同一结果。吁，可畏哉。

【注】

(1)装：行装。

(2)维扬：扬州的别称。

(3)褰〔qiān〕帷：撩起帷幔。

【译】

润州一个监征官，和一个办事吏员盗取官家的钱，都藏在吏员那里。监征官和吏员约定说："我的官职任期满了，分给我一部分做盘缠。"吏员假装答应了他。后来监征官被别人代任准备离去，吏员不给他一个钱。

监征官不敢索要，忧郁地渡过扬子江，最后死在了扬州。吏员得到了全部赃款，于是大富。辞职回家，买了田地和房屋。当年妻子有了身孕，好像看见监征官撩起帷幔进来，随即生下一个儿子。儿子非常聪明，长大后喜欢读书，就让他去就学，二十岁参加科考被录取。吏员非常高兴，把家产全部卖了，带领家人到了京城。他的儿子被选调官职要南下，家里的钱财已经匮乏。走到中途儿子病了，拿出家里剩余的全部钱财请医生，到了扬州，儿子死了。吏员无家可归，旅居在外，贫穷无依，也死了。

（出自《可谈》）

身为监征官却盗取官家的钱，这是不义之财。办事的吏员独吞了这些钱，以为对方本来就无可奈何了，等到那个人隐忍而死，更加高兴再没有后患，可以安享终身了。哪里知道儿子死了钱财用尽，客死在路上，和监征官一样的结果。唉！可怕啊！

常山吏魁(1)徐信，主上真道会。有一道人赠以诗云，一方眼目共推尊，祸福无门却有门。夜半忽传人一语，明朝推背(2)受皇恩。徐大刻之石。未几詹峒作梗，诿其罪于徐。夜半省札(3)下，竟伏极刑。【癸辛杂识】

吏而曰魁，其恣肆横行可知。一旦恶贯既盈，身遭奇祸，道人能预示之，而卒不能解免之也。虽阳为奉道，奚益哉。

【注】

(1)魁：首领，领头人。

(2)推背：相传唐太宗李世民命两位当时著名的天相家李淳风和袁天罡推算大唐国运。由于李淳风推算得上了瘾，一发不可收，竟推算到唐以后中国2000多年的命运，直到袁天罡推他的背，说道："天机不可再泄，还是回去休息吧！"

(3)省札：古代中枢各省的文书。

【译】

常山县吏员的首领徐信，主持上真道会，有一个道人赠给他一首诗，诗中写道："一个地区的眼光共同推崇，祸福虽说无门但也有门。半夜忽然传来别人的一句话，第二天早上像袁推李背一样接受皇帝的恩宠。"徐信张扬地把它刻在石头上。过不长时间詹峒从中使坏，把自己的罪推到徐信身上。半夜朝廷的文书下来，徐信竟然被判极刑。

（出自《癸辛杂识》）

吏员被人称作"魁"，他的恣肆横行可想而知。一旦恶贯满盈，身遭奇祸，道人能给他预示，但最终不能让他解脱。虽然表面上信奉道教，有什么益处呢？

庐陵法曹吏，尝劾(1)一僧致死，具狱(2)上州。时妻女在家，方纫缝。忽见二青衣卒，手执文书，自厨中出，谓妻曰。语尔夫，无枉杀僧。遂出门去。妻女皆惊怪流汗，视其门，扃闭(3)如故。吏归，具言之。吏甚恐，明日将窃其案，已不及矣。竟杀僧。僧死之日，即与吏遇诸涂(4)。吏旬日竟死。

【迪吉录】

天地间极恶之事，一有悔心，便可转移(5)。惟衙门中下笔如山，立案成铁，纵有忏悔之心，而死者不可复生。岂能偿其诬陷之罪。慎之慎之。

【注】

(1)劾：审理，判决。

(2)具狱：据以定罪的全部案卷。

(3)扃〔jiōng〕闭：关闭。

(4)涂：同“途”，道路。

(5)转移：改变。

【译】

庐陵郡法曹的一个吏员，曾经判决一个僧人致死罪，据以定罪的全部案卷上报到州里。当时他的妻子和女儿在家，正在缝衣服。忽然看见一个穿青色衣服的役卒，手里拿着文书，从厨房里出来，对他的妻子说：“告诉你的丈夫，不要枉杀了僧人。”说完就走出门去。妻子和女儿都惊异得流出了汗，看家里的门，和平常一样紧闭。吏员回来后，妻子、女儿把这一切详细告诉了他，吏员非常恐惧。第二天准备把那些文书偷回来，但是已经来不及了，最后还是杀了那个僧人。僧人死的那天，就和吏员在路上相遇，吏员过了十天竟然死了。　　（出自《迪吉录》）

天地间最恶的事，只要一有悔改的想法，就可以发生改变。唯独衙门里下笔如山，立案成铁，即使有忏悔的想法，但死者不能复生。哪能补偿他的诬陷之罪呢？要慎重！要慎重！

徐文献公琰，元至元间，为陕西省郎中。有属路[(1)]申解[(2)]到省，误漏圣字。案吏指为不敬，议欲问罪。公改其牍云，照[(3)]得来解内，第一行脱去第三字。今将元文随此发下，可重别申来。时皆称为厚德长者。　　【辍耕录】

院司书吏，于各属申文，凡钱已到手者，虽有讹谬，必为掩饰照应。不然，则吹毛索瘢[(4)]，无所不至。竟有挟官府以不得不驳之势，不知适中其攫取之计也。遇徐公，则其计穷矣。吏亦何利而为此哉。

【注】

(1)路：宋元时行政区域名。

(2)申解：指上报的文书。

(3)照：照会。通知，通告。

(4)索瘢：寻求瑕疵。

【译】

徐琰徐文献公，元代至元年间任陕西省郎中。下属的一个路上报文书到了省里，误漏了一个“圣”字。掌管文书的吏员给定为不敬，动议要问罪。徐琰修改了发给那个路的文书，写道：“照会：收到的文书里边，第一行漏掉了第三个字。现将原文随此件发回，可以重新写一篇再报上来。”当时人们都称徐琰是宽厚仁德的长者。（**出自《辍耕录》**）

院司里掌管文书的吏员，对下属报来的公文，凡是钱已拿到手的，即使有错误，也一定替他们掩饰照应。不然，就吹毛求疵，什么事都干得出来，有的竟然用不能不批驳的态势挟制官府，殊不知正好中了他们攫取钱财的诡计。遇到了徐公这样的人，他们就没有什么诡计可施展了，吏员又能有什么好处而去做这样的事呢？

周景远，为南台[(1)]御史，分治浙省。每日与朋友往复，其书吏不乐，似有举刺之意。大书壁上曰，御史某日访某人，某日某人来访。御史见之，呼谓曰。我尝又访某人，汝乃失记，何也。第补书之。因复谓曰，人之所以读书为士君子者，正欲为五常[(2)]主张也。使我今日谢绝故旧，是为御史而无一常。宁不为御史，不可灭人理。吏赧服而退。【同上】

书吏舞弊作奸，惧不为官长所容，则窥伺长官阴私，以为挟制把持之计。奸蠹伎俩，往往如此，非必尽出于公也。御史本无所私，故不加谴怒，使之怀惭而退。至于亲故往来，官场原不能废。倘有所干请[(3)]，则岂能不为谢绝。此又居官者所宜知也。

【注】

⑴南台：御史台。因在宫阙西南，所以称“南台”。

⑵五常：五伦。封建宗法社会以君臣、父子、夫妇、兄弟、朋友为“五伦”。

⑶干请：请托。

【译】

周景远做南台御史，分管浙省。每天和朋友往来，他手下掌管文书的吏员不高兴，好像有检举揭发自己的意思，在墙壁上大大地写着：“御史某日拜访某人，某日某人来访御史”。御史看见以后，叫来那个吏员说：“我曾经又拜访过某人，你竟然忘记了，为什么呢？尽管把它补写上。”接着又对吏员说：“人之所以读书做士君子，正是想做五常的主人。假使我今天谢绝了故旧，这是做了御史但没有了一常。宁可不做御史，不能灭失了做人的规范。”吏员羞愧诚服地退了下去。（出处同上）

掌管文书的吏员舞弊作奸，害怕不被长官所接纳，就窥伺长官的隐私，以此作为挟制把持长官的手段。奸蠹小人的伎俩，往往就是这样，不一定都是出于公心。御史本来没有什么隐私，所以对吏员不加谴责，让他心怀惭愧而退了下去。至于亲戚故旧间的往来，官场原本就不能废止。如果在往来中有所请托，那又怎能不加以谢绝呢？这又是做官的人应当明白的。

胡铎，为云南布政使。库有羡[1]金数千两，吏告，无碍官帑[2]，例得归公。铎曰，无碍于官，不有碍于民乎。叱之。【明外史】

官衙攫取非义，不曰无碍，则曰旧规。吏胥之耸动其官，以遂其染指，皆由于此。不知财物非从天降，不取于民，于何得之。不碍官则碍民二语，唤醒贪官污吏多矣。

【注】

⑴羡：有余，剩余。

⑵官帑〔tǎng〕：国库。

【译】

胡铎，做云南布政使。库里有数千两多出来的钱，手下的吏员告诉他："和国库无关，按照旧例这个钱应该归您。"胡铎说："和官府无关，不是和百姓有关吗？"大声呵斥了那个吏员。　（出自《明外史》）

官府衙门攫取不义之财，不说是"无关"，就说是"旧规"。吏员怂恿他的长官，以达到他们染指的目的，都是出自这个理由。殊不知财物不是从天上掉下来的，不从百姓那里获取，又从哪里得来呢？"与官府无关就和百姓有关"这两句话，唤醒了许多贪官污吏啊！

王克敬，为两浙盐运使。温州解盐犯，以一妇人至。克敬大怒曰，岂有逮妇人行千百里外，与吏卒杂处者。污教甚矣，自今毋逮。着为律令。夫人生之祸多矣，刑狱为甚。刑狱之祸惨矣，妻孥为甚。苟能于此存心体察，则捶楚自不妄施，囹圄自无冤系矣。　【臣鉴录】

罪人不孥，法中之仁也。凶恶捕快，往往以牵及妇女，饱图诈索。更有私系而污辱之者，最伤天理。试念己若犯罪，忍令辱及妻子乎。报应非远，衙门中人，皆不可不常作是想也。

【译】

王克敬做两浙盐运使。温州押送盐犯，把一个妇女押到。王克敬大怒，说："哪有捉拿一个妇女走千百里外和吏卒混杂在一起的呢？太有污教化了！从今之后，不要再捉拿妇女。"并下令作为一条法令。人生遇到的灾祸很多，受到刑罚是最严重的；受到刑罚是很残酷的，妻子儿女受到刑罚是最残酷的。如果能在这个时候用心体察，那么杖击、鞭打这些刑罚就不会胡乱施加，监狱里自然就没有了含冤而被关押的人了。

(出自《臣鉴录》)

给人定罪但不牵涉他的子女，这是法律里的仁慈。凶恶的捕快，往往通过牵涉妇女，充分达到敲诈勒索的目的。更有私自囚禁对她们进行侮辱的，最伤害天理。试想自己如果犯了罪，忍心让侮辱牵涉到妻子儿女吗？报应并不遥远，衙门里的人，都不能不经常产生这样的想法啊！

黄鉴，苏州卫人。厥[(1)]父善舞文，起灭[(2)]词讼，荡人产业，为害不少。晚生鉴，登正统[(3)]壬戌进士。以青年美才，获宠眷为近侍。苏人咸曰，父苦事刀笔而子若此，何天理耶。景泰[(4)]间，宠渥[(5)]益甚。后驾自北还，禁锢南宫。及复位，以旧恩待鉴，升大理少卿，朝夕召见无期。一日上御内阁，露一本角，微风扬之。命取以观，乃鉴所进禁锢疏。上叹曰，不意鉴之奸有是耶。亟召鉴至，掷此本视之。鉴连呼万死，伏诛，遂灭族。吁，使鉴宠不及此，何能报之深耶。

【迪吉录】

大凡巧于害人者，天亦巧以报之。鉴父舞文害人，而鉴科甲显仕，似乎便宜。不知鉴之首鼠两端，即其父舞文之余智也。自谓巧于固宠，不知卒以此灭族，祸以迟而弥烈。舞文之报，抑何巧耶。

【注】

(1)厥：其，他的。

(2)起灭：意思是玩弄手段，捏造是非。

(3)正统：明英宗朱祁镇的年号。

(4)景泰：明代宗朱祁钰的年号。

(5)宠渥〔wò〕：皇帝的宠爱与恩泽。

【译】

黄鉴，苏州卫人。他的父亲善于舞文弄墨，在讼词里捏造是非，让人倾家荡产，做了不少坏事。很晚了生下黄鉴，后来考中明代正统壬戌年进士。因为年轻又有出色的才学，获得英宗皇帝的宠爱关注做了侍从。苏州人都说："父亲苦心从事刀笔吏可儿子竟然如此，有什么天理呢？"景泰年间，黄鉴更加受到代宗皇帝的宠爱与恩泽。后来英宗从北边回来，被禁锢在南宫。等到英宗皇帝复位，还以往日的恩宠对待黄鉴，被升任为大理寺少卿，朝夕召见没有定期。有一天皇帝驾临内阁，看见露出一个奏本的一角，微风把它吹了起来。让人拿过来一看，是黄鉴所呈上的禁锢自己的奏疏。皇帝感叹说："没想到黄鉴如此奸诈啊！"立即召黄鉴到来，把奏本扔给他看。黄鉴连呼万岁。最后被处死，然后灭族。唉！假使黄鉴的受宠没有到了这个程度，怎么能报应得这么深重呢？ （出自《迪吉录》）

大凡巧于害人的人，老天也用巧妙的手段报应他。黄鉴的父亲舞文弄墨陷害逼人，可黄鉴通过科举做了高官，似乎占了便宜。殊不知黄鉴首鼠两端，就是他父亲舞文弄墨遗留下来的小聪明。自以为巧于巩固恩宠，殊不知最终因此灭族，灾祸因为来得迟而更加惨烈。舞文弄墨的报应，多么巧妙啊！

戴月湖，南靖人。为书手[(1)]，与侪[(2)]假印勾摄[(3)]，害人甚多。后发觉，其侪俱承伏充军。月湖狡，不肯招，止问[(4)]徒[(5)]，死于驿中。一子行衢，少年能文。后忽狂醒[(6)]窝盗。或告之官，官初犹不信。乡里共证之，乃死于狱。无嗣。妇与盗通，流落街市为乞丐。众共指其业报云。 【同上】

诪张为幻[(7)]，造物[(8)]最忌。忍刑不服，原属漏网，身虽末减[(9)]，卒使其子若妇，堕落火坑，为世讪笑。悲夫。

【注】

⑴书手：担任书写、抄写工作的人员。

⑵侪：同类的人。

⑶勾摄：拘捕，传拿。

⑷问：判决。

⑸徒：徒刑。古代刑法名，即拘禁使服劳役。

⑹狂酲〔chéng〕：大醉。

⑺诪〔zhōu〕张为幻：欺诳诈惑。

⑻造物：特指创造万物的神。

⑼末减：意思是从轻论罪或减刑。

【译】

戴月湖，南靖人。做书手，和同伙一起凭借官府印信拘捕人，害人很多。后来被发觉，他的同僚都认罪充军。戴月湖狡猾，不肯招供，只判了徒刑。最后死在了驿站。他有一个儿子叫戴行衢，少年时能写一手好文章。后来忽然在大醉后窝藏盗贼。有人告到官府，官府起初还不相信。乡里的人共同作证，才死在狱中。戴行衢没有子嗣，妻子和盗贼私通，流落街市成为乞丐。众人共同认为这是戴月湖遭到的报应。（出处同上）

欺诳诈骗，是神灵最憎恨的。忍受刑罚不肯认罪，原本就属于漏网，自身虽然被从轻定罪，最终让他的儿子和媳妇跌到火坑里，被世人讥笑。可悲啊！

秀州书吏陆某，有囚当杖，受势家厚赂，阴诱官坐重法死。囚魂常随陆不去，每阴雨，囚辄前立。陆曰，汝且去，我自来。不数月，呕血死。

【感应事实】

原情定罪，出入轻重，丝毫不可假借。自奸吏受势家厚赂，便能增饰情罪，使当杖者竟至论死。官且为其所用，手段可谓高强矣。及至冤鬼相随，竟唯唯[1]听命。平日巧猾伎俩，至此独无所用。岂非天夺其魄耶。试问所得之钱，至今尚能享受否也。临桂山峡邨，有李某，窥邻人有买猪钱八百文。邻人扃门外出，李入窃其钱。有幼子卧床惊觉，李遂杀之。携钱远扬[2]，穷日夜行。不过二三十里，常觉幼子尾其后，抵饭店，店主具两人食。诘之，则云适见进店，有一小子相随，何以不见。次日又行，觉满目昏沉，不能远去。自知冤魂不散，不得已转回。邨众执以送官，一讯立承，竟抵罪。此事余所亲见者，然则冤鬼相随不去，前立索命，事理之所必有，未可以为幻也。

【注】

(1)唯唯：恭敬的应答声，引申为恭顺谨慎之义。

(2)远扬：远走，逃跑。

【译】

秀州书吏陆某，有一个囚犯应当受到杖刑，他受到有权势人家的丰厚贿赂，就在暗地里诱导法官给那个囚犯判了重罪处以死刑。囚犯的灵魂常常跟着陆某不离，每到阴雨天，囚犯就站在他的面前。陆某说：“你暂且离去，我自己来。”不过几个月，吐血而死。（出自《感应事实》）

根据实情定罪，量刑的出入轻重，一点都不能受其他因素的影响。由于奸猾的吏员受了有权势人家丰厚的贿赂，就能增添情节和罪名，让应当受杖刑的人最后到被判死罪。官员尚且被他所利用，手段可谓高强了。等到冤鬼相随，竟然恭顺地从命。平日奸巧狡猾的伎俩，到这个时候单单没有什么用处。难道不是老天要夺他的魂魄吗？试问所得到的钱，到今天还能享受否？临桂县山峡村，有个李某，偷看到邻居家有八百文用来买猪的钱。邻居关上门外出，李某进去偷钱。有个小孩子睡在床上被惊醒，李某就杀了他，带着钱逃跑，没日没夜地走。走了不到二三十里，老是感觉那个小孩子尾随在身后。到了一个饭店，店主给准备了两个人的饭食。问他原因，店主就说刚才看见你进店时后边跟着一个小孩子，为什么不见了。第二天再往前走，感觉满眼昏暗，不能往远走了。终于自己明白冤魂不散，不得已折了回来。村子里的人把他绑了送到官府，一经讯问立刻认罪，最后以死抵罪。这是我亲眼见的事。既然这样，那么冤鬼相随不去，站在眼前索命，是按照事理必然有的，不能认为他是虚幻的。

米信夫，浙西人，为县吏，柔狡哗捷。里有大家兄弟二人，以父死纷争。因唆其弟以讼其兄，结合官吏，破其家而有之。兄弟抑郁而死。米繇[(1)]是富厚者二十余年。至元戊寅，遭谋逆[(2)]讼，牵连到邑。见吏俨如其弟，抑令招承[(3)]，罄其赀没焉。忿而讼吏于府，见府吏俨如其兄，抑令招承。与其妻女子息[(4)]八人，俱死于狱。　　【迪吉录】

公门中人，往往遇事生波，乐于与讼，但求饱己之欲。岂知人之伤骨肉，破身家，而己亦不免于奇祸也。凡见争构，不行解劝，及拖延不结，故留讼端者，皆当以此类推。

【注】

⑴繇〔yóu〕：同“由”。

⑵谋逆：图谋叛逆。

⑶招承：招供承认。

⑷子息：子嗣，儿子，也泛指儿女。

【译】

米信夫，浙西人，做县里的吏员，柔顺狡猾，浮夸敏捷。邻里有大户人家兄弟二人，因为父亲死了产生了纷争。于是米信夫就挑唆弟弟来告他的哥哥，他勾结官吏，让那家人家破产，家产自己占有。兄弟二人抑郁而死。米信夫由此富足了二十多年。到了元代戊寅年，遭遇谋反的官司，牵连到县里。米信夫看到一个吏员很像那个弟弟，强迫他招供，花光了家产才了事。米信夫非常愤怒就把那个吏员告到府里，看见一个府里的吏员很像那个哥哥，又强迫他招认。最后和他的妻子儿女八个人都死在监狱里。

（出自《迪吉录》）

衙门里的人，往往遇到事情总想让它生出波澜，乐于参与诉讼，只是希求满足自己的私欲。哪知别人伤了骨肉，破了家产，而自己也不能免于遭到奇祸。但凡遇到争斗，不进行劝解，以及拖延不结案，故意留下争讼的事端，都应当以此类推。

夏原吉，为刑部尚书时，一吏持精微文书请押。因风吹，为墨所污。吏惧，肉袒待罪。公曰，风也，汝何与焉。尔起。次日早朝毕，至便殿，见帝请罪。曰，臣昨不谨，墨污精微文书。上命易之。公退，吏犹惧甚。公于怀中出所易者。吏大感悦。【配命录】

墨污精微文书，其事似大，然毕竟过出无心，夏公是以宽之。即不遇夏公，不免受责，亦自无大恶。倘若纳贿舞文，虽事较小，夏公亦未必宽也。身在公门，无心之过，原不能无，有心之恶，切不可有。择祸莫若轻，观过斯知仁。为吏者可以知所自处矣。

【译】

夏原吉做刑部尚书时，一个吏员拿着书写精细的公文请求签字。因为风吹，公文被墨汁弄脏了。吏员十分害怕，袒露上身下跪等候处置。夏公说："是因为风，和你有什么相干呢？你起来。"第二天早朝结束，夏公到了便殿，面见皇帝请罪，说："我昨天不慎，墨汁弄脏了精细的文书。"皇帝下令换一份，夏公退下。那个吏员还是非常害怕。夏公从怀里拿出所替换的文书，吏员非常感动喜悦。（出自《配命录》）

墨汁弄脏了文书，那事情看似很大，但毕竟是无心出错，夏公因此宽恕了他。如果没有遇到夏公，难免受到责罚，也自然不是大恶。倘若收受贿赂，舞文弄墨，即使事情比较小，夏公也未必会宽恕。身在衙门，无心的过错，本来不能没有，存心的恶行，万万不可有。选择祸患不如选轻的，看到过失才懂得仁。做吏员的人可以从此明白应如何对待自己了。

王文成公守仁，仕刑曹[1]，典[2]提牢厅[3]事。往时狱吏，相沿取囚饭余豢豕。豕肥，则屠之分食。先生覩[4]之恻然，恚曰，夫囚以罪系者，给粮饭之，此朝廷好生浩荡恩也。若曹乃取以豢豕，是率兽食人食矣，如朝廷德意何。欲督过之。群吏跪伏请宽，且诿曰，此相沿例也，亦堂卿[5]所知。先生即日白堂卿，堂卿是其议。先生遂令屠豕，割以分给诸囚。狱吏到今，不复豢豕云。

【近古录】

阳明先生[6]，每以良心提醒。以饭囚者饭豕，此良心上过不去之事也。推此则克扣囚粮，自肥身家者，其罪更甚。此心不可一刻安矣。

【注】

⑴刑曹：分管刑事的官署。

⑵典：主持，主管。

(3)提牢厅：掌管狱卒的部门。

(4)覩〔dǔ〕：同“睹”。

(5)堂卿：堂官，明清对中央各部长官的通称。

(6)阳明先生：王守仁，自号阳明子，学者称之为阳明先生，亦称王阳明。明代隆庆年间追赠新建侯，谥文成，故后人又称王文成公。

【译】

王文成公王守仁，在刑曹做官，主管提牢厅的事务。从前的狱吏沿袭过去的做法，把囚犯吃剩下的饭拿来喂猪。猪养肥了，就宰了分着吃。先生看到后很痛心，生气地说：“因犯罪而被关押的囚犯，给粮食让他们吃，这是朝廷多么浩荡的恩德。你们竟然拿来喂猪，这是率领野兽吃人的饭食，怎么看待朝廷恩德的心意呢？”想要责罚那些狱吏。众狱吏跪在地上请求宽恕，并推脱说：“这是多年沿袭下来的惯例，堂官也是知道的。”先生当天就把这个事告诉了堂官，堂官认为他们的说法是正确的。先生于是下令杀猪，把肉割下来分给众囚犯吃。狱吏直到今天不再养猪了。（出自《近古录》）

阳明先生，每每用良心提醒人们。用给囚犯吃的东西喂猪，这是良心上过不去的事。以此推理，那么克扣囚犯的粮食，肥了自家的人，那罪行更加深重。这良心一刻也不得安宁了。

史桂芳，为两浙运使[(1)]，于钱粮入不增毫末，出不减毫末。吏曰，从来无此旧规。公曰，有甚旧规，此心不可欺处，即旧规也。【史公年谱】

自来剥民奉上之事，无不以旧规为名。官府有意厘剔[(2)]，而吏胥必以旧规为解。故官吏之营私染指，无不从此二字生发也。不问旧规而问此心，其何说之辞。吏至此，计亦穷矣。

【注】

⑴运使：古代官名。水陆运使、转运使、盐运使等的简称。

⑵厘剔：革除。

【译】

史桂芳任两浙运使，对于钱粮，收进时一点点不增加，支出时一点点不减少。吏员说："从来没有这样的旧规。"史公说："有什么旧规，这个心里不能欺瞒的地方就是旧规。"（出自《史公年谱》）

自古以来盘剥百姓侍奉上司的事，无不是拿旧规作为名义。官府也有革除的意图，但吏员一定拿旧规来做辩解。所以官吏的营私染指，无不是从这两个字产生。不问旧规而问这个心，这是多么中听的话啊！吏员至此，计策也就使尽了。

正德间，陈良谟与同年[(1)]数人，公车北上。至王家营渡口，陈之家僮，与土人争殴。陈薄责家僮，婉谕土人。座中一同年某，忽怒骂曰，咄，尔何人。敢集多人，上官船行劫，反诬我家人殴尔耶。缚而挞之。其人叩头乞饶，乃放去。在座称其才能，某亦扬扬得意，语陈曰，兄何迂哉。今之为官者，才能智略耳。天理二字，却用不着。陈怃然不答。某后为绍兴推官[(2)]，以浮躁削职，疽发背死。【配命录】

此人所为，即讼棍伎俩也。今之托身胥吏者，往往类此。且谓不如此，则与乡愚等，不见衙门手段。故事入衙门，几无公道。良善何以安生耶。

【注】

⑴同年：科举考试同榜考中的人。

⑵推官：官名，始置于唐朝。唐朝、金、元时的推官相当于现在地方中

级人民法院院长，明和清初还兼有审计局长的职能。

【译】

明代正德年间，陈良谟和几个同榜考中的人坐着官车北上。到了王家营渡口，陈良谟的仆人和当地人争执殴打起来。陈良谟轻微地责罚了仆人，委婉地向当地人做了解释。同座中一个同榜考中的人某某忽然怒骂道："嗨！你们是什么人，竟敢纠集这么多人，上官船抢劫，反而诬陷我们的仆人殴打了你们？"于是把当地人绑了起来进行鞭挞。那些人叩头请求饶命，才放他们离开。在座的人都称赞他的才能，某某也扬扬得意，对陈良谟说："为兄怎么这么迂腐啊！如今做官的人，靠的只是才能智谋罢了，天理二字，却用不着。"陈良谟不高兴地没有应答。某某后来做了绍兴的推官，因为浮躁被革职，背上长了毒疮而死。（出自《配命录》）

这个人的所作所为，就是讼棍的伎俩。现在托身公门做吏员的人往往和这个人相类似。而且说如果不这样，那就和乡间百姓一样了，看不出衙门里人的本事。所以事情进了衙门，几乎没有公道。善良的人怎么能安生呢？

嘉靖间，钱塘陆姓为郡吏，毛经历[1]爱重之。陆有女，经历有子，约为婚。未几经历提问，落魄归时，欲娶女以行。而陆妻变计，觅他女代之。经历不知也。既归，而其子学日进，取科第，官至操江都院[2]。移檄[3]郡中取陆，陆惊喜且惧。及至，操都偶他出，先入见夫人。夫人曰，我父切莫提前事。陆惶恐曰，何敢言，全赖夫人看顾也。操院归，礼意甚渥，赠三百金送回。且曰，后尚有所遗。归而陆之亲女至，陆对所馈金，潸然泪下曰，悲汝命薄耳。女亦悲不自胜，郁郁而亡。陆亦继亡。后有复来赠金者，竟以无人而返。夫兴衰靡定，岂可遽以眼前论人。方陆易女时，为避其衰，孰知乃避其兴乎。

【言行汇纂】

经历，命官也，而与郡吏联姻。其于郡吏，亦云厚矣。孰知郡吏尚欲负之，则此吏平昔之贪财势而忘道义，已概可见。其父欺心，其女自然薄命。即理即数[4]，万事都如此也。

【注】

(1)经历：官名。

(2)操江都院：官名。

(3)移檄：发布文告晓示。

(4)数：命运，天命。

【译】

明代嘉靖年间，钱塘一个姓陆的人做郡里的吏员，毛经历器重他。姓陆的人有一个女儿，经历有一个儿子，两家约定了婚姻。过不长时间经历因犯事被提去审问，失意地要返回故里时，想娶了陆家的女儿走。可是姓陆的妻子改变了主意，找了一个别人家的女儿代替了她家的女儿。经历毫不知情。回去以后，他的儿子学问一天天地长进，后来考中了科举，做官至操江都院。写了一份文书到钱塘郡接姓陆的，姓陆的又是惊喜又是害怕。等到了以后，操江都院偶尔外出，先进去见夫人。夫人说："父亲千万不要提起过去的事。"姓陆的恐慌地说："哪里敢说，全凭夫人照顾。"操江都院回来后，给姓陆的优厚的礼遇，赠给他三百两银子送了回去。而且说："以后还会有馈赠。"回到家后姓陆的亲生女儿来了，姓陆的面对操江都院馈赠的银子，潸然泪下，说："伤心你的命薄啊！"女儿也不胜悲伤，郁郁不乐而死。姓陆的随后也死了。后来还有再次来赠送银子的人，竟然因为没有人接收而回去了。兴衰还没有定，哪能立刻凭着眼前的状况看待人？在姓陆的顶替女儿的时候，为的是躲避经历家的衰败，

谁知竟然是躲避了他家兴盛呢？（出自《言行汇纂》）

经历是朝廷命官，却和郡里的吏员联姻。他对郡吏，也可以说是很看重的了。谁知郡吏还想背弃他。那么这个吏员平时的贪恋钱财权势忘却道义，已经大体可以看得出来。她的父亲昧了良心，他的女儿自然薄命。这就是天理，这就是命运，一切事都是如此。

孙一谦，为南部司狱[(1)]。旧例重囚米日一升，率为狱卒攘去。又散时强弱不均，至有不得食者。囚初入狱，狱卒驱秽地，索钱不得，不与燥地，不通饮食。一谦严禁之。自定一秤，秤米计饭。日以卯巳时，持秤按籍，以次分给，其食甚均。见囚衣敝，时为澣[(2)]补。狱卒无敢横索一钱者。【臣鉴录】

锒铛[(3)]犴狴[(4)]间，何等惨况。不加矜恤，而复刻削为利，肆其欺凌，残忍极矣。孙君一一经理，遽使地狱化为福堂[(5)]。彼禁卒因此不能横索一钱，似乎失却便宜，少造许多罪孽，其得便宜也多矣。

【注】

(1)司狱：掌管刑狱的官员。

(2)澣〔huàn〕：同“浣”，洗。

(3)锒铛：铁锁链。

(4)犴狴〔ànbì〕：监狱。

(5)福堂：德福聚集的地方。

【译】

孙一谦做南部司狱。按照旧例重犯一天一升米，大多被狱卒侵夺了去。又在分饭时强弱不均，以至于有吃不上饭的囚犯。囚犯刚进监狱，狱卒把他们赶到很脏的地方，不能得到索要的钱，就不给安排干燥的地方，不给送饮食。孙一谦严厉地加以禁止。自己定了一杆秤，称米量饭。每天在卯时和巳时，拿着秤按照名册，按次序分发，囚犯的饭食非常均等。看见囚犯衣服脏了破了，经常给浣洗缝补。狱卒没有敢蛮横索要一文钱的。

（出自《臣鉴录》）

在监狱里戴着铁锁链，是何等惨状。不加怜悯体恤，却再加剥削谋利，肆意欺凌，残忍极了。孙一谦君一一进行整治，立刻使地狱变为福堂。那些狱卒因此不敢蛮横地索要一文钱，好像失去了便宜，可少造了许多罪孽，那得到的便宜也是很多的。

万历间一冯姓者，为选司(1)胥役。以奸弊得重贿，为大冢宰(2)所知，参送刑部究拟。时选君以体面不雅，思力救之。冯犹未知，乃私自筹曰，必牵引本官，则问官有所碍，而大冢宰亦不得不从宽。乃供曰，贿所以进选君，某不过说事过钱人也。问官疑或有此，以语选君。选君怒，令从公严鞫(3)之。币贿果冯自得，妄扯本官以图脱漏也。竟拟重刑。　【感应篇注】

冯吏牵引本官，使鞫者投鼠忌器，有不得不宽之势。计亦巧矣，乃反增其罪，竟拟重刑。非有鬼神颠倒其间，由其良心已坏，自入陷阱也。吏苟事事不昧良心，必不致身罗法网。即不幸而获罪，亦必有可生之机耳。

【注】

(1)选司：旧时主管选拔官吏的机构。

(2)大冢宰：指吏部尚书。

(3)鞫：审问。

【译】

明代万历年间，有一个姓冯的人，做选司的吏员。因为欺诈舞弊得了数额很大的贿赂，被大冢宰知道了，就把他移送到刑部追究定罪。当时选司的长官因为自己面子上不好看，想尽力解救他。姓冯的还不知道这个情况，就暗自谋划道："我的事情一定会牵扯到本司长官，那么审问官就会有所顾忌，而大冢宰也不得不对我从宽处置。"于是招供说："贿赂都是拿来送给选司长官的，我只不过是从中说事过钱的人。"审问官怀疑或许有这种可能，就把这个情况告诉选司长官。选司长官大怒，让秉公严厉审问姓冯的。结果是贿赂的钱果然都是姓冯的自己得了，胡乱牵扯长官以求自身逃脱漏网。最终准备对他处以重刑。（**出自《感应篇注》**）

姓冯的吏员牵扯自己的长官，让审问的人投鼠忌器，造成不得不对他宽大的情势。计谋也是很巧妙的，但反而加大了他的罪行，最终准备对他处以重刑。不是有鬼神在中间颠倒情势，是由于他的良心已经坏了，自己跳入陷阱。吏员如果每一件事都不昧良心，一定不至于身陷法网。即使不幸获罪，也一定会有可以生存的机会。

永福县吏薛某，专工吓诈，虚捏状词，能饰无理为有理，以此致富。一日延道士郑法林醮[(1)]，郑伏而起曰，上帝批家付火司，人付水司。已而家产罄尽，薛渡江溺死，子以盗败，女为娼。【感应事实】

工于吓诈，又能饰无理为有理。其人心思必巧，文笔尚通者也。乃不用以彰明公道，而用于诈捏状词。才足济恶，遂致上干天怒[(2)]，备极惨报。向使其天资愚鲁，或不充胥吏，其积恶召祸，当不至如是之甚也。故吏之聪明有才者，尤不可以不慎。

【注】

(1)醮：做法事。

(2)上干天怒：触犯上天震怒。

【译】

永福县吏员薛某，特别擅长恐吓欺诈，虚构捏造状词，能把无理美化成有理，凭着这个致富。有一天请来道士郑法林做法事，郑法林俯身在地又起身说："上帝判把你的家产交给火司，把你本人交给水司。"不久家产全部被烧毁，薛某渡江时溺水而死，儿子因为做盗贼而败落，女儿做了娼妓。

（出自《感应事实》）

擅长恐吓欺诈，又能把无理美化成有理。这种人一定是心思灵敏、文笔还通畅的人。竟然不用来彰显公道，而把它用于虚构捏造状词。才能足以帮助作恶，于是导致触犯上天震怒，受到了最深重的悲惨报应。假使他天资愚笨，或许就不会去当吏员，他累积恶行招致灾祸，应该不至于如此之严重。所以聪明有才的吏员，尤其不可以不谨慎。

池州邵道，充郡皂隶，索取财物，满意则喜，不满意则拳殴之。官命行杖，极力施刑，毙杖下者，不可胜数。后得异病，手足窘束，遍体肿决，如板痕糜烂，痛不可言。因自呼曰，善恶终有报，桥南看邵道。卒至皮肉俱尽，仅余骨在。

【人生必读书】

衙门行杖之皂隶，视杖下之血肉淋漓，几同土石。若非自遭异病，遍体糜烂，不足以动其痛楚之心。天以此显报，即以此示警也，惜乎悔已晚矣。

【译】

池州的邵道，做了郡里的衙役，向人索取财物，满意了就高兴，不满意就用拳头殴打人。官府让施行杖刑，他用尽力气行刑，死在他杖下的人不可胜数。后来得了奇怪的病，手脚蜷缩，遍体肿块，好像板子打下的伤痕糜烂，痛不可言。于是自己呼叫说："善恶终有报，桥南看邵道。"最

终到了皮肉都没有了，仅剩下骨头在。（出自《人生必读书》）

衙门施行杖刑的衙役，看待杖下的血肉淋漓，几乎和土块石头一样。如果不是自己遭到了奇怪的病，遍体糜烂，不足以触动他们的痛楚之心。老天用这样的方式显示报应，就是以此发出警示。可惜悔之晚矣。

沙县旧官弊政，立宰牛税。寿州进士方震孺为沙县令，吏某以此银进。方问故，吏曰，每杀一牛，入税若干，总计所得税，岁不下千金。方愀然[(1)]曰，吾何以千万物命，换千金税耶。吏复以衙门成例已久，去此则宰牛无所稽考，不便更张为言。方怒，将吏重杖。并下令永禁如律。久之，牙侩[(2)]以牛病且死告，方勿与深求，第令埋之。由是沙之牛，得全活[(3)]者甚多。【同上】

衙门有一种陋规，即吏胥有一种染指。遇有欲之官，则以本衙出息[(4)]为言，遇无欲之官，则又以不便更张为言。其实无非为自己染指起见。旧官设此，皆若辈怂恿成之。此所以谓之猾吏也。夫民间宰牛，官不查禁，反欲收税，名曰稽查，实为之主持，令其肆杀耳。杖其吏而革其税，猾吏之计，无可施矣。

【注】

(1)愀〔qiǎo〕然：形容神色变得严肃或不愉快。

(2)牙侩：市侩，商人。这里指牛贩子。

(3)全活：保全，救活。

(4)出息：收益。

【译】

沙县以前的官员有一条不良的政令，就是设立宰牛税。寿州进士方震孺做了沙县县令，吏员某某拿着这个银子进献。方震孺问其缘故，这个吏员说："每杀一头牛，收税若干，总计所得到的税收，一年不下一千两银子。"方震孺立刻改变了脸色说："我怎么能用千万个生灵的性命，换取千两银子的税收呢？"吏员又以衙门的惯例已经很久，去掉了这个税就无法查考宰牛的数量，不便更改为由。方震孺大怒，将这个吏员狠狠地杖打了一顿。并下令按照法律永远禁止宰牛。过了很长时间，一个牛贩子来报告一头牛病得快要死了，方震孺没有同意他们进一步的请求，只是下令把牛埋了。从此沙县的牛，得到保全的很多。（出处同上）

衙门有一种不良的陈规旧习，就等于吏员有一种分取利益之处。遇到有私欲的官员，就以本衙门的收益为说辞；遇到没有私欲的官员，就又以不便更改为说辞。其实无非为了自己分取利益起见。以前的官员设立这个税制，都是这些人怂恿促成的。这就是称他们为猾吏的原因。民间宰牛，官府不查禁，反而要收税，名义上叫稽查，其实是为他们做主，让他们肆意宰杀罢了。杖打了那个吏员，革除了那项税制，猾吏的计谋，就没有施展的地方了。

章该居宅弘丽，因缺用典张吏金。张厚遗牙侩[1]，换作绝[2]券[3]。后该益窘，请求绝。出券视之，乃已绝矣，有牙侩押[4]证。该仰天叹息。张父子同日失音死。【感应事实】

张为吏书，伪作绝券，押证分明，是以章该有口不能分辩，但饮恨于心而已。而吏之父子，同日失音而死，其欲言而不能，与含冤者无异。天之示警，何其深切哉。

【注】

(1)牙侩：市侩，买卖的居间人。

(2)绝：绝卖，出卖产权，卖掉后再也不许赎回。

(3)券：契据。

(4)押：在文书、契约上签名。

【译】

章该居住的住宅宏伟华丽，因一时缺钱用把它典押给姓张的吏员换取银子。姓张的吏员给了中间人好多钱，把典押的契据换成了绝卖的契据。后来章该生活更加窘迫，请求绝卖。拿出契据一看，竟然已经绝卖了，有中间人的签字为证。章该仰天长叹。姓张的父子在同一天说不出话来而死。（出自《感应事实》）

姓张的身为掌管文书的吏员，伪造绝卖的契据，中间人签字作证分明，所以章该有口不能分辩，只能饮恨在心罢了。而吏员父子在同一天说不出话来而死，他们想说话而不能说，和含冤的人没有不同。上天的警示，多么深切啊！

徐某富而狡，心涎一里邻房屋。邻饶[1]，不肯售。乃令人诱其子赌荡，遂至倾家，竟鬻屋于徐。后三子五孙俱病，梦其祖告曰，比邻某为祟也。徐惧，向城隍禳[2]。有一丐者，立庙中大言曰，夜间殿旁，见有人诉徐某诱其子荡产。丐者亦不知设醮[3]即徐某也。徐闻益惧，归而暴卒。【同上】

所欲图者屋也，与其人原无仇怨。乃因其家富饶，遂诱其子赌荡，使有不得不鬻之势。及屋已售，而其家荡然无余，父子不能相保可知矣。此与占房屋而无害于人者不同，故其获报，至于子孙祟病，身亦暴亡。此种阴险，岂祈禳可免耶。愚亦甚矣。吏之因事陷害，破人身家，大抵如此。

【注】

(1)饶：富足。

(2)禳〔ráng〕：祈祷消除灾殃。

(3)设醮：道士设立道场祈福消灾。

【译】

徐某富裕而狡诈，心里贪羡一个邻居的房屋。邻居家境富裕，不肯卖房子，于是徐某就让人引诱他家的儿子从事赌博等浪荡活动，最终把房子卖给了徐某。后来徐某的三个儿子、五个孙子都生了病，徐某梦见他的祖父告诉他说："是邻居某某作祟。"徐某很害怕，向城隍祈祷。有一个讨饭的人，站在庙里大声说："晚上大殿旁边，看见有人状告徐某引诱他的儿子耗尽家产。"讨饭的人并不知道设立道场的就是徐某。徐某听了以后更加害怕，回去以后得暴病而死。（出处同上）

所贪图的是房子，和那个人原本没有仇怨。就因为那人家境富裕，于是就引诱他的儿子从事赌博等浪荡活动，让他处于不得不卖房子的态势。等到房子已经卖了，那人的家里空荡荡的没有剩下任何东西，父子不能相互保全性命就可想而知了。这和占了房屋但没有害人性命的人不同，所以他受到报应，以至子孙因鬼魂作祟而生病，自己也得暴病而死。这种阴险，哪里是祈祷可以免除的呢？愚蠢得很啊！吏员借事害人，让别人家破人亡，结果大都是这样。

青浦郊外有一贫民，卖得布银二两四钱，中路遗失，被同行一金姓拾得。金姓为青浦县差，贫民苦求不还，金反以催粮银在身为名，将贫民毒殴。贫民失银，合家生计无出，径往城隍庙，哭诉神前。其夜金姓邻人，俱闻金家有锁炼声。明晨，金不启门。邻人视之，金已跪床下死矣。原银犹在床侧也。

【丹桂籍】

拾金不还，人情多有，惟其身为县差，可以催粮银为名，遂尔肆其毒殴，谓非此无以见县差之威，岂知适所以厚其毒而速之死耶。噫，二两四钱，为数有限，而在贫民，已为一家性命所关。失而受殴，不敢诉官，而哭诉神前，情迫极矣。试观匍匐公庭者，类多奇穷极苦之人。我以为所得无几，而已绝贫民一家生计者，岂少耶。

【译】

青浦县郊外有一个贫民，卖布得到二两四钱银子，半路上丢失了，被同行的一个姓金的人捡到。姓金的是青浦县的差役，贫民苦苦哀求但姓金的就是不还给他。姓金的反而以身上有催粮银为名，将贫民狠狠地打了一顿。贫民丢了银子，全家生活用度没有出处，就直接到城隍庙，在神像前哭诉。那天夜里姓金的邻居都听到姓金的家里有锁链的声音。第二天早晨，姓金的没有打开大门。邻居打开门进去一看，姓金的跪在床下已经死了，原本贫民丢失的银子还在床边。（**出自《丹桂籍》**）

捡到金钱不还，从人之常情出发，这种情况是经常发生的。只是那个人身为县里的差役，能够以催粮银为名，于是乎就那样肆意对贫民毒打。以为不这样就不足以显示县里差役的威风，哪知正好是加重他的罪恶而且加速他死亡的原因呢？唉！二两四钱，为数有限，但对贫民来说，已经关系到全家人的性命。丢了银子受到毒打，不敢到官府告状，而到神像前哭诉，实在是为情势逼迫到了极点了。试看趴在公堂地上的，大多是最穷最苦的人。我们自认为所得到的没有多少，但是已经断绝了贫民一家生活用度的事难道还少吗？

广东小吏丁宗臣，赋性刻薄。见人贫穷，则非诮之。见人急难，更倾陷之。生平所为，毫无善行可称。五子，一聋，一跛，一瞎，一瘫，一两手反背，饮食需人。亲戚朋友，见宗臣皆以为不祥，不与为礼。晚年罢职，益困

悴，乞丐而死。【配命录】

此种性行，在乡里愚民，尚足为害，身充小吏，尤易肆恶。五子皆残疾，何相报之显而速也。今官衙中如此行径之胥役，恐亦不少，乌得与之一说此等报应，以警其后也。

【译】

广东一个小吏叫丁宗臣，天性刻薄。看到别人贫穷，就讽刺讥笑他；看到别人遇到危难，更要倾轧陷害他。一生所作所为，丝毫没有一点善行值得称道。有五个儿子，一个是聋子，一个是瘸子，一个是瞎子，一个是瘫子，一个两只手背在身后，饮食需要别人帮助。亲戚朋友，碰到丁宗臣都认为是不祥之事，不和他行礼。晚年被免了职务，生活更加困窘，做乞丐而死。（出自《配命录》）

这种品行，在乡里做普通百姓，尚且足以成为祸害，如果自己做了吏员，更容易恣意作恶。五个儿子都是残疾，报应多么明显快速啊！如今官府衙门里，有如此行径的吏员，恐怕也不少。怎么才能和他们说一说这样的报应，来警诫他们今后的所作所为呢？

有一乡愚，误买贼衣，被捕擒获。带至古庙，吊打备施。哀告曰，我实不是贼，现有城中某，系我至戚，唤来可问也。捕唤某识认，某见贼情，恐有连累，坚不认亲。乡愚被拷而死。某至家，即见披发流血之鬼，呼号索命，曰，尔吝一言，见死不救，尔岂能免乎。我已告准阎罗，与诸捕共质地下矣。某暴卒。【同上】

止于惧累，不肯相救耳，尚且立遭冤报。甚矣，害命之祸，速而且惨也。彼恶捕者，手毙良民，其刑祸不延及子孙不止。

【译】

有一个乡村百姓，误买了盗贼偷来的衣服，被捕役抓获。带到古庙里，吊、打等各种手段都使用了。这个百姓哀告说："我确实不是盗贼，现在城里有一个某某，是我很近的亲戚，传唤他来可以讯问。"捕役就传唤某某来辨认。某某看到是涉及盗贼的事情，恐怕受到连累，坚决不认那人是他的亲戚。乡村百姓被拷打而死。某某回到家里，就看见一个披头散发流着血的鬼，呼叫着索命，说："你舍不得一句话，见死不救，你哪能逃脱呢？我已经向阎罗告状批准了，你和几个捕役一起到地下对质。"某某暴病而死。（出处同上）

仅仅是害怕受到连累，不肯相救罢了，尚且立刻遭到报应。太厉害了！害人性命的祸患，快速而且悲惨。那些凶恶的捕役，亲手打死良民，那受到的灾祸不延及子孙是不会停止的。

湖广盛某，为县刑吏，素性[1]险恶，人号黑心。家富，欲造堂楼，苦地窄。与邻张姓言，不允。盛密令大盗扳[2]张，张不能辩而死于狱。妻竟以地售之。楼成，得一子，六岁尚不能言。一日盛在楼中，其子匍匐而至。盛曰，吾为子孙计，故设此谋，今尔如此愚蠢，奈何。其子忽厉声作色曰，尔何苦如此。吾非张某耶。尔以无辜杀我，谋我之地，我来此，正图报耳。盛大惊倒地，七孔流血而死。其子费尽财产，亦死。【丹桂籍】

身在官衙，执掌刑狱，唆盗扳人，何啻[3]顺风之呼，未几而被诬者以死。占地既得，楼亦遂成。就目前而论，可谓求得谋遂。岂知其所以报之者，即在膝前之子也。世之豪猾致富，而其子荡费不能守者，焉知非雠人之索债耶。

【注】

(1)素性：本性。

⑵扳：牵连。

⑶啻：只。

【译】

湖广的盛某，做县里执掌刑罚的吏员，本性险恶，人们送他外号叫“黑心”。家境富裕，想建造一座堂楼，苦于地皮狭窄。和邻居姓张的说了这个情况，想让姓张的出让他一块地皮，可姓张的不答应。盛某暗地让大盗贼牵连姓张的，姓张的不能申辩而死在监狱里，他的妻子最终把地皮卖给了盛某。楼建成后，盛某生下一个儿子，六岁了还不会说话。有一天盛某在楼里，他的儿子爬着过来了。盛某说：“我为了子孙考虑，故意设了这个计谋。如今你这样愚蠢，我该怎么办呢？”他的儿子忽然变了脸色大声说：“你何苦这样呢，我不是张某吗？你以无辜的罪名杀了我，图谋得到我的土地。我来这里正是想要报仇啊！”盛某大为惊恐倒在地上，七窍流血而死。他的儿子耗尽了他的家产，也死了。 **（出自《丹桂籍》）**

身在官府衙门，执掌刑罚，唆使强盗牵连他人，何止是像顺风而呼。不长时间被诬陷的人因为这个就死了。想占的地皮已经得到，楼也随后建成了。就眼前来说，可以说是想得到的得到了，计谋也实现了。哪知那用来报应他的，就是在膝下的儿子呢？世上强横狡猾的人致富了，而他的儿子放荡浪费不能守住家产的情形，哪知不是仇人讨债呢？

祝期生有口才，专一颠倒是非，尤好言人短处。虽端人正士，亦曲加诋毁，必败其名而后已。晚年忽病舌黄，发时必须刀刺，血出升余乃止。一岁常发五六次，哀号痛苦，寝食俱废，血枯而死。葬后，尸为群犬所食。 **【配命录】**

有口才而颠倒是非，好言人短，诋毁正人，至自刺其舌，血枯而死。相报亦云巧矣。可畏哉。

【译】

祝期生有口才，专门颠倒是非，特别喜好说别人的短处。即使是行为端正的人，也要多方面加以诋毁，一定败坏了人家的名声后才罢休。晚年忽然得了病舌头发黄，发病时一定要用刀子刺破舌头，血流一升多病情才能好转。一年常常发病五六次，痛苦哀号，睡觉吃饭都不能，最后血流尽而死。埋葬后，尸体被一群狗吃了。（出自《配命录》）

有口才颠倒是非，喜好说别人的短处，诋毁正派的人，到自己刺破他的舌头，血流尽而死。得到的报应也可以说很巧妙，可怕啊！

宜兴染坊孀妇陈氏，有姿容。木商洪敬，诱饵百端，终不可犯。夜将数木掷其家，明日以盗闻于官。又贿胥吏系累⑴窘辱，以冀其从。妇家焚香恸诉。未几商入山贩木，丛柯⑵中突出⑶黑虎，啮⑷商死。【同上】

此何等事也，亦肯受贿，为其窘辱。见公门胥吏，无不可要之钱也。欲以长养子孙，断无此理。

【注】

⑴系累：捆绑，拘禁。

⑵柯：树枝。

⑶突出：窜出。

⑷啮〔niè〕：咬。

【译】

宜兴染坊一个姓陈的寡妇，有几分姿色。木材商洪敬百般引诱，始终不能冒犯。夜里将好几根木材扔到寡妇的家里，第二天以木材被寡妇偷盗为名报告官府。又贿赂官府吏员将寡妇拘禁进行凌辱，希望寡妇顺从自

己。寡妇家烧上香悲恸地诉说冤屈。过不了几天商人进山贩卖木材，树丛中窜出一只黑虎，把商人咬死了。（出处同上）

这是什么样的事啊，也肯受贿，替他凌辱他人。可见衙门里的吏员，没有不能要的钱。想借此长久地养育子孙，绝对没有这个道理。

张奉素习刀笔[(1)]，尤工剥民之术。凡官长至，辄教之虐取民财，官有其三，七归于己。巡按[(2)]唐公捕之，以计逃去。时四野[(3)]无云，忽为暴雷击死，五脏如刳[(4)]。【丹桂籍】

胥吏剥民之术，惟愿官之多欲而尚刻，一中其计，予取予求[(5)]，无不如志矣。上司纵有访闻，官必巧为掩护，黠吏之藏身甚固也。抑知王法可逃，天诛必不能贷[(6)]乎。

【注】

(1)刀笔：古代在竹简上刻字记事，用刀子刮去错字，因此把有关案牍的事叫作刀笔，后多指写状子的事。

(2)巡按：又称按台，是中国历史官职，代表皇帝巡视地方，各省及府、州、县行政长官皆其考察对象，专门负责监察，一般不理其他事务，权力极大。

(3)四野：四方的原野。也泛指四方，四处。

(4)刳：挖空。

(5)予取予求：从我处取，引申为任意索取。

(6)贷：免除。

【译】

张奉素来熟悉诉讼文字，尤其精通盘剥百姓的技巧。但凡新的长官到来，他总是教他们如何榨取百姓钱财。长官得到其中的三成，七成归于自

己。巡按唐公去抓捕他，他用计谋逃离。当时四面没有一点云彩，可忽然被暴雷击死，五脏就像被挖空一样。（出自《丹桂籍》）

吏员盘剥百姓的技巧，就希望长官有好多欲望而又喜好苛刻。一旦中了他们的计，他们就会任意索取，没有不如愿的。上司即使有所察知，长官也一定会巧妙地替他们掩饰。狡猾的吏员藏身是很牢固的，但是知道王法可以逃脱，上天的惩罚一定不能免除吗？

归安陆居贞隅，令江右大庾。庾有府吏，宠于太守。其父曾充隶，前令竟延作乡饮介宾(1)。公至，召隶，且令穿乡饮巾服(2)来。至，剥其巾服入库，笞二十遣之。此时太守尚在郡也。自是郡邑乡饮严肃，不敢滥赴。【近古录】

盛典滥邀，求荣反辱。即使官长姑容，难免乡闾(3)耻笑。何如力行善事，积福于子孙。将不求荣而荣自至，有过于巾服者欤。

【注】

(1)乡饮介宾：乡饮，指乡饮酒礼，是古代嘉礼的一种。参加乡饮酒礼的嘉宾统称乡饮宾，乡饮宾分为乡饮大宾、乡饮僎宾、乡饮介宾、乡饮众宾。

(2)巾服：头巾和长衣。

(3)乡闾：乡亲，同乡。

【译】

归安人陆居贞陆隅做江右大庾县县令。大庾有一个府吏，受郡太守的宠爱。他的父亲曾经做过衙役，前县令竟然邀请他为乡饮介宾。陆公上任以后，召见这个衙役，并让他穿戴着参加乡饮的头巾衣服来。衙役来了以后，让人剥去他的头巾衣服收到库里，打了二十大板，打发走了。这时太守还在郡里。从此郡县里的乡饮特别规范，人们不敢随意出席。

（出自《近古录》）

举行盛大的嘉礼随便邀请人，被邀请的人本来是想得到荣耀反而招来耻辱。即使长官纵容，难免被乡亲们耻笑。哪如力行善事，为子孙积福。那样将会不去追求荣耀而荣耀自己到来，比那些偶尔穿戴一次体面服饰的人强过好多啊！

金忠于人有片善，必称之。虽素与公异者，其人有他善，未尝不称也。一里人为吏，数窘辱公。及公为尚书，其人以吏满来京师，惧不为容。公荐用之。或曰，彼不与公有憾(1)乎。曰，顾其才可用，奈何以私故掩人之长。

【言行汇纂】

金公之公而且厚如此，平时决无非理过情之举。为吏者奈何辄窘辱之也。大抵吏胥狐假虎威，不分贵贱善恶，概以盛气凌人，视为地位固然，恬不知非。不但敛怨(2)非宜，其薄恶亦太甚矣。阅此能不憬然(3)。

【注】

(1)憾：怨恨。

(2)敛怨：招惹怨恨。

(3)憬〔jǐng〕然：觉悟的样子。

【译】

金忠对于别人一点点的长处，一定加以称赞。虽然是素来和金公意见不合的人，只要那人有其他长处，金公没有不加以称赞的。一个同乡的人做吏员，多次为难羞辱金公。等到金公做了尚书，那个人因为做吏员的期限满了来到京城，害怕不被金公所容。金公举荐任用了他。有的人说：

“他不是与您之间有怨恨吗？”金公说：“可是他的才能值得任用，为什么因为个人的缘故掩盖别人的长处呢？”（出自《言行汇纂》）

金公公道而且如此宽厚，平时绝对没有不合道理超越常情的行为。做吏员的人为什么总是为难羞辱他呢？大概吏员狐假虎威，不分贵贱善恶，一概盛气凌人，把这看作自己所处的地位本来就应该这样，坦然地不知道这是错误。不但招惹怨恨是不应该的，他们刻薄习气也太过分了啊！读了这段文字能不觉悟吗？

保靖州杨大、王周、钱火儿三人，同一騃[1]懦汉，避雨崖下。俄而虎至前，三人共推騃懦汉出，以当虎。不意崖忽崩，虎惊而去。騃懦汉反得免害，而三人俱被压死。【丹桂籍】

衙门中便宜之事，巧猾者据为己有，至于劳苦之事，騃懦者当之，而巧猾者最善狡脱。然利即害之所伏[2]，究竟巧猾之得祸，更甚于騃懦。避虎之喻，何其切也。

【注】

(1)騃〔ái〕：假借为“佁〔yǐ〕”，痴呆的意思。

(2)伏：潜藏。

【译】

保靖州杨大、王周、钱火儿三个人，和一个痴呆懦弱的男人在山崖下避雨。不一会儿一只老虎来到面前。三个人一齐把痴呆懦弱的男人推出去，来挡住老虎。没想到山崖突然崩塌，老虎受到惊吓跑了。痴呆懦弱的那人反而躲过了祸害，而那三个人都被压死了。（出自《丹桂籍》）

衙门里方便做的事，狡猾的人据为己有。至于劳苦的事，痴呆懦弱的人去承担，而狡猾的人最善于用诡计逃脱。但是利就是害潜藏的地方，到最后狡猾的人得到的灾祸，比痴呆懦弱的人更严重。躲避老虎的比喻，多么贴切啊！

附　录

陈宏谋，字汝咨，临桂人，雍正甲辰进士，由翰林历官中外。凡历巡抚者十有三任，以总督兼巡抚者四任，入为吏部尚书。乾隆三十六年，以东阁大学士予告归，卒于道。赠太子大傅，赐谥文恭，入贤良祠。宏谋内行敦笃，奉职勤慎，少有过失。所在视官如家，爱民如子，兴利救弊，知即为之。在乡奏免粤省，劝恳浮粮，捐设临桂学。

（四库全书·史部·地理类·总志之属·大清一统志卷三百五十六）